Les habitats

TEXTE Pamela Hickman

ILLUSTRATIONS Sarah Jane English

Traduit de l'anglais par Nicole Ferron

LA FÉDÉRATION DES
**Naturalistes
de l'Ontario**

 **Héritage
jeunesse**

À la mémoire de mes parents - P.H.

Données de catalogage avant publication (Canada)

Hickman, Pamela

Les habitats

Traduction de: Habitats.
Pour les jeunes.

ISBN: 2-7625-7680-6

1. Habitat (Écologie) - Ouvrages pour la jeunesse.
2. Écologie animale - Ouvrages pour la jeunesse. 3.
Communautés animales - Ouvrages pour la jeunesse. 4.
Écologie animale - Problèmes et exercices - Ouvrages
pour la jeunesse. I. Titre.

HQ541.14.H5314 1994   j591.52   C94-940491-8

Dépôts légaux: 2e trimestre 1994
Bibliothèque nationale du Québec
Bibliothèque nationale du Canada

ISBN: 2-7625-7680-6   Imprimé au Canada

LES ÉDITIONS HÉRITAGE INC.
300, Arran, Saint-Lambert (Québec) J4R 1K5
(514) 875-0327

La Fédération des Naturalistes de l'Ontario (FNO) est une
organisation à but non lucratif, qui s'emploie à protéger
et à démontrer l'importance des habitats naturels, de la
vie sauvage et des espèces en voie de disparition.
La FNO coopère avec les organisations nationales et
internationales pour réaliser ces buts. Pour plus d'informations
sur la FNO ou pour savoir comment en devenir membre,
contactez la Fédération des Naturalistes de l'Ontario, 355 Lesmill
Road, Don Mills, (Ontario) M3B 2W8, téléphone (416) 444-8419,
télécopieur (416) 444-9866.

Ce livre est imprimé
sur du papier recyclé

94 0 9 8 7 6 5 4 3 2 1 0

Table des matières

Un mot aux parents et aux professeurs

La nature est une source illimitée de beauté fascinante. Que ce soit une fourmi sur un trottoir ou une souche recouverte de mousse en forêt, il y a toujours de nouvelles découvertes à faire. Les idées contenues dans ce livre compléteront les expériences faites par un enfant à l'extérieur et favoriseront une relation intime avec la nature. Ces activités encouragent les enfants à regarder la nature de plus près en créant des mini-habitats temporaires à l'école ou à la maison. En étudiant la croissance, les changements, les cycles de vie et les adaptations spéciales des plantes et des animaux, les enfants peuvent observer et comprendre plusieurs aspects de la nature qu'il est impossible de voir sur le terrain. Grâce à ce livre, la nature devient un passe-temps d'un bout à l'autre de l'année et une aventure de toute une vie.

Une partie de l'expérience acquise en s'adonnant à ces activités comprend l'attention apportée aux plantes et aux animaux sauvages ainsi que leur sécurité et leur survie. Lisez les conseils de conservation de la page suivante avant de commencer les activités. Les mini-habitats créés sont temporaires, et les enfants doivent être encouragés à tout rapporter dans les habitats naturels après leurs observations. Ce processus développe le respect pour les autres formes de vie et aide à apporter l'assurance que l'environnement est troublé le moins possible. La protection de notre héritage naturel est d'une importance vitale. Une bonne façon de garantir l'avenir de la nature et des régions sauvages, c'est de faire connaître aux enfants les merveilles de la nature. Avec la connaissance et la fascination viendront le respect et un sens de la responsabilité pour l'environnement.

Conseils de conservation

Voici quelques façons de protéger la nature tout en l'étudiant.

1. Lors de tes activités en plein air, respecte le plus possible les sites naturels. Rapporter temporairement une plante ou un animal à la maison peut devenir une occasion fantastique d'en apprendre plus long, mais il n'est pas sage de le faire avec n'importe quoi. Par exemple, les vertébrés (animaux avec colonne vertébrale), surtout les mammifères, sont difficiles à garder et souffriront d'être confinés dans un petit espace. De même, plusieurs plantes sont très sensibles aux changements et, souvent, ne résistent pas à la transplantation. Beaucoup de provinces et d'États possèdent des lois qui défendent de garder des animaux ou des plantes sauvages ; il vaudrait donc mieux vérifier les lois locales avant d'entamer la réalisation de projets.

2. Demande toujours la permission des propriétaires avant de prendre quoi que ce soit à l'état sauvage. Il ne faut jamais rien retirer d'une région protégée comme un parc, une réserve naturelle ou un secteur sauvegardé.

3. Ne prends jamais plus que quelques plantes ou animaux d'un secteur et ne rapporte à la maison que ceux dont tu es prêt à t'occuper adéquatement. Le contenant de ton habitat temporaire devrait être prêt avant que tu partes recueillir les plantes ou les animaux sauvages.

4. Toute espèce non commune, rare ou en danger ne devrait en aucun cas être recueillie. Contacte le bureau local de conservation ou de protection de la nature pour avoir de l'information sur les espèces menacées.

5. Si une plante ou un animal semblent avoir de la difficulté à survivre, rapporte-les aussitôt dans leur habitat naturel. Tous les organismes vivants doivent être rapportés à l'état sauvage lorsque tu as fini de les observer.

Qu'est-ce qu'un habitat ?

Fais le tour de ta maison. Elle te procure abri, nourriture et un endroit où vivre et t'amuser. Ta maison est ton habitat, tout comme la fourmilière est la maison, ou l'habitat, d'une fourmi. Et, de même que ta maison fait partie d'une grande ville, l'habitat d'une fourmi fait partie d'une communauté plus grande qu'on appelle écosystème. Plusieurs habitats différents composent un écosystème, comme un champ ou une forêt, où des milliers d'animaux et de plantes peuvent vivre. Grâce à ce livre, tu découvriras ce qui se passe dans plusieurs habitats en te retrouvant en relation étroite avec certaines créatures fascinantes de la nature. En créant des mini-habitats dans des bocaux ou des aquariums, tu peux observer pendant des jours, des semaines ou des mois la vie de plantes et d'animaux étonnants. Tu découvriras pourquoi les vers de terre s'étirent et rapetissent, comment les plantes recyclent l'air et l'eau, comment les têtards deviennent des crapauds et plus encore. Ces choses se produisent continuellement dans la nature, mais nous n'avons pas toujours la chance de les voir. En apportant un peu de la nature à l'intérieur, tu verras des phénomènes se produire juste sous tes yeux.

Prendre soin d'un petit coin de la nature peut être amusant, mais c'est aussi une grande responsabilité. Tu dois t'assurer que toutes les plantes et tous les animaux que tu recueilles reçoivent les soins appropriés. Ce livre t'explique ce que tu dois savoir pour garder tes mini-habitats en toute sécurité. Cependant, si ton mini-habitat ne semble pas se porter comme il le devrait, rapporte-le immédiatement à l'extérieur. Toutes les créatures devraient être rapportées dans leur habitat naturel une fois que tu as fini de les observer.

Lorsque tu les relâches ou que tu les replantes, les organismes peuvent poursuivre leur vie et leur rôle dans leur habitat. Tes mini-habitats sont de petites parties de plus grands écosystèmes. Tous ces écosystèmes sont reliés les uns aux autres, et ils coopèrent pour garder le monde en santé. Tout comme les gens, les plantes et les animaux dépendent de leurs habitats pour survivre. Présentement, certains habitats naturels ne sont pas bien entretenus. Des ordures sont déchargées dans les champs, des produits chimiques comme des phosphates sont déversés dans les rivières et les lacs, et les pluies acides endommagent le sol et l'eau de plusieurs habitats. Lorsqu'un habitat en santé devient pollué, il ne peut plus servir d'abri pour toutes ses plantes et ses animaux. Et comme nous construisons plus de routes, de maisons et d'usines, certains animaux et certaines plantes perdent leur habitat sauvage, leur vie est menacée et ils peuvent disparaître... à jamais. Nous perdons même des habitats entiers : des forêts tropicales sont brûlées, des forêts de vieux arbres sont rasées et des marais, drainés. Une fois que tu as décidé de prendre soin des plantes et des animaux sauvages, tu découvriras combien il est important de respecter et de protéger leurs habitats naturels. Reproduire les mini-habitats de ce livre est une façon merveilleuse d'en savoir plus sur les habitats et la manière dont tu peux aider à les protéger.

La plupart des habitats de ce livre peuvent être installés dans un bocal de 4 l ou dans un aquarium. Le contenant le plus approprié est mentionné au début de la liste des matériaux qu'il te faut.

La vie dans un rondin pourri

Il te faut:
un petit aquarium ou un bocal de 4 l (un gros bocal à marinades)
du ruban adhésif
deux bâtonnets ou de longs crayons (pour le bocal seulement)
des petites pierres ou du sable
des petits morceaux de charbon non traités (on en trouve au supermarché ou à la quincaillerie)
un morceau de rondin pourri
une truelle
de la terre de la forêt, avec des feuilles en décomposition de la surface
de l'eau
des plantes sauvages et des champignons pris autour du rondin
de la moustiquaire fine
un élastique (pour le bocal seulement)

Lorsque tu marches dans la forêt, essaie de trouver des arbres tombés sur le sol. Ils peuvent avoir été jetés par terre par des vents violents ou brisés par la chute d'autres arbres. Ces arbres morts se transforment en petites communautés de plantes et d'animaux. Tu peux rapporter un morceau d'arbre tombé à la maison et le mettre dans un terrarium où tu découvriras par toi-même cette étonnante communauté de créatures vivantes.

1. Place une couche de petites pierres ou de sable au fond du terrarium pour le drainage. Si tu utilises un bocal, tourne-le sur le côté. Colle les deux crayons ou les bâtonnets au bocal pour l'empêcher de rouler.

2. Étends une fine couche de charbon sur les pierres. Cela aidera à garder le sol frais.

3. Si possible, apporte ton terrarium dans la forêt. Tu peux aussi recueillir tes échantillons dans d'autres contenants ou sacs et les installer dans le terrarium au retour à la maison. Assure-toi que les animaux vivants, comme les insectes, sont transportés dans des contenants aux couvercles percés de trous d'aération.

4. Trouve un petit rondin pourri, plein de vie. Avec ta truelle, dépose environ 7 cm de terre et de feuilles pourries dans le terrarium. Si nécessaire, ajoute de l'eau pour que le sol soit humide. Façonne-le en petits monticules afin qu'il ressemble à celui de la forêt.

5. Détache soigneusement un morceau du rondin. Dépose le morceau, plus 2 cm de terre située sous le rondin, dans le terrarium. Ton rondin doit entrer dans le terrarium sans être écrasé.

6. Déterre quelques champignons et des petites plantes autour du rondin et plante-les dans ton terrarium. Presse bien le pied des plantes dans la terre et arrose-les. Ton terrarium devrait toujours être humide, mais non trempé.

7. Couvre ton terrarium d'un morceau de moustiquaire maintenu en place avec du ruban adhésif ou un élastique.

8. Place ton terrarium sur le rebord d'une fenêtre orientée au nord où il recevra la lumière naturelle, mais pas en plein soleil. Il a aussi besoin d'air frais et de températures entre 18 °C et 24 °C. Éloigne-le des radiateurs et des courants d'air.

9. Observe les signes de vie dans l'habitat de ton mini-rondin, et découvre comment les champignons, les plantes et les animaux vont transformer le bois en terre. Tu peux conserver ton terrarium pendant plusieurs mois; c'est un excellent passe-temps pour l'hiver. Après avoir terminé tes observations, rapporte tout dans son habitat naturel, avant la fin de l'automne ou après le dégel, au printemps.

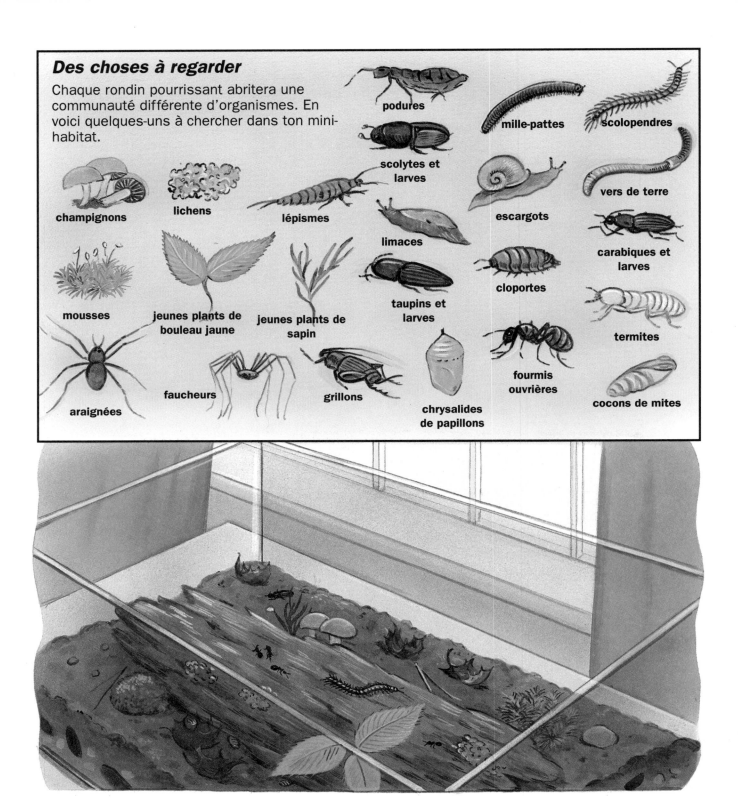

Des choses à regarder

Chaque rondin pourrissant abritera une communauté différente d'organismes. En voici quelques-uns à chercher dans ton mini-habitat.

podures

mille-pattes

scolopendres

scolytes et larves

vers de terre

champignons

lichens

lépismes

escargots

carabiques et larves

limaces

mousses

jeunes plants de bouleau jaune

jeunes plants de sapin

taupins et larves

cloportes

termites

faucheurs

grillons

chrysalides de papillons

fourmis ouvrières

cocons de mites

araignées

10

Observation d'un habitat

Ton rondin pourri ressemble à une petite communauté. Tout comme les gens et les lieux dans ta communauté changent avec le temps, les animaux et les plantes qui vivent dans la communauté du rondin vont changer, eux aussi. Alors que certains meurent ou déménagent, d'autres restent et de nouveaux emménagent. Ce que tu trouveras dans ton rondin dépend de quelle espèce d'arbre il s'agit, du temps que le rondin est resté sur le sol, de la saison à laquelle tu l'as trouvé, et où et dans quel climat l'arbre a poussé. Ton terrarium ne contient qu'un infime moment de toute une vie d'une communauté de rondin pourri. Pour en avoir une idée plus vaste, tu peux installer plusieurs terrariums en même temps. Dans l'un, place un morceau d'un arbre qui vient de tomber, dans un autre, un rondin qui a commencé à pourrir et dans un troisième, un morceau d'un rondin qui tombe en pièces tellement il est pourri. Tu peux comparer les différents champignons, plantes et animaux dans chacun des rondins et voir par toi-même comment la communauté change avec le temps.

En pourrissant, le bois de ton rondin est brisé en petites miettes qui deviendront fina-

lement des parcelles de terre. Transformer un rondin en terre représente beaucoup de travail et requiert les efforts de toute une équipe. Les premiers aides — champignons et bactéries — sont si petits que tu dois les regarder au microscope. Ils assouplissent le bois grâce à des produits chimiques spéciaux de sorte que des animaux plus gros, comme les insectes, puissent s'en nourrir.

Une fois que le bois a été travaillé par les champignons et les bactéries, de nouveaux aides se joignent à l'équipe. Cherche les cloportes d'un noir brunâtre (plus sur le cloporte en page 20). Les insectes envahissent bientôt le rondin, y cherchant abri et nourriture. Soulève un morceau d'écorce. Tu peux y découvrir des tunnels et des pièces qui forment un bel ensemble. Les artistes de ces œuvres d'art sont les scolytes. Ces coléoptères adultes arrivent en premier et percent de petits trous dans l'écorce pour y pondre leurs œufs. Lorsque les jeunes éclosent, ils creusent des tunnels en mangeant le bois pour sortir. As-tu remarqué que les tunnels s'élargissent en chemin? Plus les insectes mangent, plus ils grossissent, et ils doivent ainsi fabriquer de plus gros tunnels pour avancer.

Tu peux aussi trouver de grosses fourmis ouvrières noires qui creusent de grands trous dans le bois pour y nicher. En perçant et en creusant ainsi le bois, toutes ces créatures y créent plein d'espaces où les champignons peuvent pousser, ce qui fait pourrir le bois de l'intérieur comme de l'extérieur. Grâce au grand nombre de trous, l'eau peut s'infiltrer. L'humidité et la chaleur font pourrir le bois plus vite.

Dans la forêt, le rondin devient une véritable ruche, avec toutes ses petites créatures y grimpant, y entrant et en sortant de toutes parts. Le rondin de ton terrarium n'attirera pas les grenouilles, les salamandres, les souris et les couleuvres, mais dans la forêt ces animaux plus gros sont attirés par le bois pourri pour plusieurs raisons. Les cavités procurent des abris pour se reposer, pondre des œufs et y élever une famille. Le rondin lui-même est semblable à un supermarché rempli de nourriture pour tous ces insectivores affamés.

Les animaux ne sont pas les seuls à envahir les rondins. Les tapis duveteux de mousses et les lichens croustillants ou feuillus appartiennent aussi à la communauté du rondin. Même les arbres, comme les jeunes plants de bouleau jaune et de sapin, peuvent s'enraciner dans le tronc pourri. Ces arbres ont de la difficulté à pousser à travers l'épaisse couche de feuilles qui recouvrent le sol de la forêt. Les graines qui ont la chance d'atterrir sur un rondin peuvent commencer leur vie avec une longueur d'avance.

Lorsque le rondin est tout à fait pourri, il tombe en morceaux qui s'ajoutent au sol de la forêt. Regarde sous le rondin, là où il semble faire partie du sol. Tu aperçois le résultat final du travail de plusieurs années de milliers d'organismes. Le bois pourri est maintenant utilisé comme engrais par les arbres et d'autres plantes. Lorsque ces derniers meurent, le cycle complet recommence.

En poussant, un arbre puise les éléments nutritifs dans le sol pour fabriquer son bois. Lorsque l'arbre meurt puis pourrit, les éléments nutritifs utilisés autrefois pour l'aider à pousser retournent dans le sol. Ce sol aide de nouveaux arbres à pousser. Si les arbres coupés ne sont pas laissés à pourrir, mais sont ramassés dès qu'on les coupe, les éléments nutritifs ne retournent pas dans le sol et ce dernier s'appauvrit. Dans certaines parties d'Amérique du Nord, comme en Colombie-Britannique et en Ontario, de grandes régions sont dénudées de leurs arbres qu'on abat. Dans plusieurs pays d'Amérique du Sud, d'Amérique centrale et d'Afrique, des forêts tropicales sont abattues pour faire place aux cultures. Même si le sol est riche au début, il perd vite ses éléments nutritifs puisqu'il n'est pas passé par le processus de pourriture et de croissance. Lorsque le cycle de vie et de pourrissement est brisé, une forêt devient vite une terre en friche.

Des vers fantastiques

Pense à un animal qui n'a pas d'yeux, pas d'oreilles et pas de pattes. Tu veux un autre indice ? C'est aussi un des plus infatigables travailleurs souterrains. Si tu dis un ver de terre, tu as raison. Creuser dans le jardin est une bonne façon de trouver des vers, mais construire un habitat de vers est un moyen plus facile d'observer ces incroyables fabricants de terre à l'œuvre.

1. Place une couche de terre humide de 4 cm dans le fond de ton bocal. Ajoute une couche de sable humide de 4 cm. Continue d'ajouter alternativement des couches de terre et de sable jusqu'à ce que le bocal soit presque rempli. Laisse ton bocal debout.

2. Dépose des feuilles mortes et des morceaux de laitue comme nourriture sur la terre et le sable.

3. Ramasse quelques vers de terre en creusant dans le jardin, dans un champ trempé ou dans le bois. Le jour, tu devras peut-être te servir de l'appel aux vers (voir l'encadré de la page suivante). La nuit, utilise la lampe de poche et tu trouveras des vers sur la terre humide. Recueille trois ou quatre vers et mets-les dans ton contenant en plastique avec un peu de terre et des feuilles mortes. À la maison, place les vers dans ton bocal.

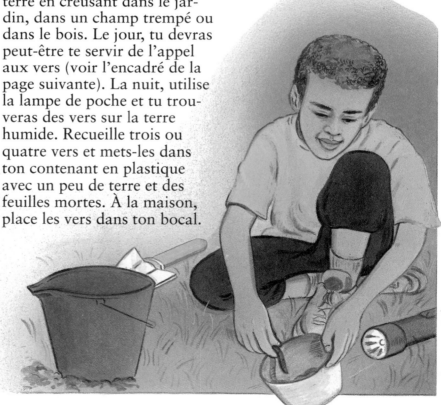

4. Recouvre l'ouverture de ton bocal d'un morceau d'étamine retenu par un élastique. Si tu utilises un aquarium, maintiens l'étamine en place avec du ruban adhésif.

5. Colle avec du ruban adhésif une feuille de papier de bricolage noir autour du bocal pour encourager les vers à creuser leurs tunnels près du verre.

6. Garde ton bocal dans un endroit sombre et frais, comme au sous-sol ou sur le balcon, et maintiens le sol humide sans être détrempé. Nourris les vers avec des morceaux de feuilles ou de laitue tous les deux ou trois jours.

7. Après une semaine, retire le papier noir quelque temps pour observer les changements dans le bocal.

Appel aux vers

Tu peux siffler ton chien, mais que fais-tu pour appeler des vers de terre ? Comme les vers sont nocturnes (actifs pendant la nuit), tu dois les faire sortir du sol durant le jour grâce au truc suivant. Plante un pieu de bois dans la terre, puis frottes-en le bout avec une planche. Lorsque la planche gratte le pieu, elle envoie des vibrations dans le sol et signale un danger aux vers en dessous. Une fois que le ver sent des vibrations, sa première réaction est de quitter sa galerie le plus vite possible. Tu verras alors des vers pointer hors des trous dans la terre.

8. Tu peux garder ton habitat de vers pendant plusieurs mois et l'observer tout l'hiver si tu le désires. N'oublie pas de nourrir tes vers régulièrement. À l'automne, ramasse d'autres vers dans des sacs en plastique pour les ajouter à ton bocal pour l'hiver. Lorsque tu as terminé tes observations, rapporte les vers dans leur habitat naturel au printemps, en été ou tôt en automne.

Observation d'un habitat

Observe tes vers un peu chaque jour. Sont-ils plus actifs le matin ou l'après-midi ? Peux-tu voir des vers creuser leur chemin dans la terre ? Les vers creusent leur galerie en mangeant la terre et les morceaux de plantes et d'animaux qui sont dans leur chemin. Finalement, la nourriture digérée sort à l'autre bout en déjections. Cherche ces petites piles toutes propres de déjections laissées à la surface du sol. Les vers vivent-ils près les uns des autres ou sont-ils habituellement seuls ? Si tu aperçois deux vers côte à côte avec leur tête à l'opposé, c'est qu'ils s'accouplent.

Cherche plutôt la partie non lignée brun pâle du corps du ver. On l'appelle le clitellum, et il est habituellement plus près de la tête. La tête est aussi légèrement plus pointue que la queue.

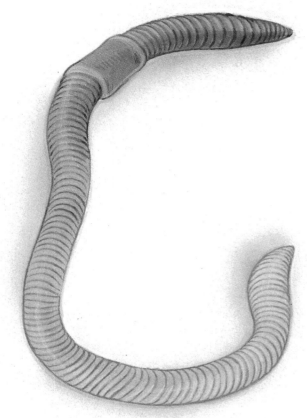

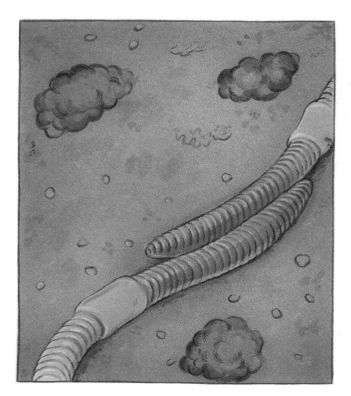

Peux-tu dire quel bout du ver est sa tête et lequel est sa queue ? Regarder un ver en mouvement n'est pas un indice fiable, puisqu'il se déplace autant par en avant qu'à reculons.

Qu'est-ce que ça fait de prendre un ver dans ses mains ? La sensation d'humidité vient de la couche de mucus qui recouvre la peau du ver. Le ver n'a pas, comme toi, de poumons à l'intérieur de son corps pour l'aider à respirer. Il respire plutôt à travers sa peau. Comme l'oxygène est plus facilement absorbé à travers la peau humide, le ver doit rester lubrifié pour survivre. La peau agit non seulement comme les poumons du ver, mais elle lui sert aussi d'yeux. La peau du ver est sensible à la lumière vive et le ver l'évite habituellement.

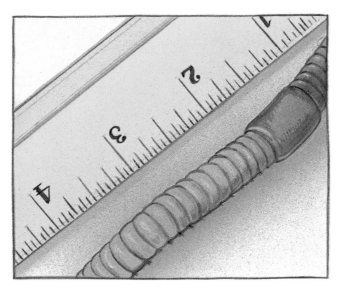

Observe tes vers se frayer un chemin dans la terre. Que remarques-tu? Place une règle près d'un ver qui se déplace et mesure son corps à différentes étapes de son mouvement. Le corps du ver est couvert de minces lignes qui le divisent en parties appelées segments. Lorsqu'un ver bouge, les segments sont étirés puis remis en place. C'est comme un Slinky qui s'allonge et se rétrécit. Sur la plupart des segments se trouvent huit petits poils pour aider le ver à se déplacer. Essaie de les trouver avec ta loupe. Place un bout de papier dans ton bocal et déposes-y un ver. Écoute les grattements produits par les poils.

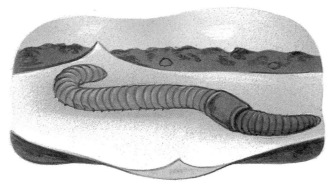

Expérimente

• Allume une lumière rouge au-dessus de ton bocal dans une pièce sombre. Ne mets pas la lumière trop près du bocal car elle va assécher la terre. Est-ce que les vers évitent la lumière rouge ou n'en tiennent-ils simplement pas compte? Comme les vers ne voient pas la lumière rouge, ils ne la remarquent pas.

• Tes vers font-ils la fine bouche? Découvre leur sens du goût en faisant le simple test  suivant. Découpe de petits carrés de différentes feuilles: laitue, épinard, érable, chêne, cèdre ou autres plantes de ta région. Retire toute la nourriture de ton bocal et distribue les feuilles de ton gueuleton sur le sol. Le jour suivant, vérifie quelles feuilles ont été mangées et lesquelles n'ont pas été touchées. Comme plusieurs animaux, les vers mangent ce qui leur semble bon au goût et laissent de côté ce qu'ils n'aiment pas.

• Les vers de terre sont aussi reconnus pour leur sens du toucher. Fais cette expérience qui fut d'abord tentée il y a 100 ans par Charles Darwin, le célèbre biologiste. Place ton bocal sur un piano. Qu'arrive-t-il quand tu joues des notes aiguës et des notes basses? Laisse passer quelques minutes entre les notes. Les vibrations des notes basses atteignent le bocal et transmettent un signal de danger aux vers, qui vont quitter leurs galeries (voir *Appel aux vers*, page 15). Les notes aiguës vibrent très peu et n'ont aucun effet sur les vers.

Qu'as-tu vu lorsque tu as retiré le papier noir autour de ton bocal ? Distinguais-tu toujours les couches de terre et de sable ? Tes vers ont creusé leurs galeries dans le noir et ont mélangé les couches de terre et de sable, et ils ont même enfoui des feuilles de la surface pour garnir les galeries et manger. Un fermier laboure sa terre pour assouplir le sol, y mélanger des éléments nutritifs et permettre à l'eau et à l'air d'y pénétrer afin d'aider les plantes à pousser. Les vers de terre font la même chose sans aucun appareil. Les galeries d'un ver créent des poches d'air sous la terre, permettant à l'air et à l'eau de pénétrer en profondeur. Les déjections des vers créent un engrais riche en éléments nutritifs pour le sol et les plantes qui y poussent. Partout où ils vivent, les vers amendent le sol et améliorent l'habitat des plantes qui y poussent.

Observe des cloportes

Il te faut :
un bocal de 4 l (un gros bocal à marinades) ou un petit aquarium
du ruban adhésif (pour le bocal seulement)
deux bâtonnets ou de longs crayons (pour le bocal seulement)
une tasse à mesurer
du compost humide ou de la terre à jardin
de la mousse de tourbe humide
du sable
des feuilles pourries
de l'écorce
un petit morceau d'éponge
de l'eau
des cloportes
un contenant en plastique avec un couvercle troué (un gros pot de yogourt)
de la moustiquaire fine
un élastique

Sombre, humide et sale. Voilà l'habitat parfait pour un cloporte. Qu'ils vivent dans les champs ou dans les forêts, les cloportes sont utiles à leur habitat, recyclant les plantes mortes et partageant la nourriture avec d'autres. À l'aide de matériaux tout simples, tu peux construire une ferme de cloportes et faire plein de découvertes sur ces petits cousins terrestres des homards et des écrevisses.

1. Tourne le bocal sur le côté et colles-y les deux bâtonnets ou les crayons pour l'empêcher de rouler.

2. Mélange 500 ml de compost humide ou de terre à jardin avec 250 ml de mousse de tourbe humide et 250 ml de sable. Ajoute ce mélange à ton bocal.

3. Place les feuilles pourries sur le sol commè nourriture et ajoute un ou deux morceaux d'écorce comme abri contre la lumière et la chaleur. Ajoute un petit morceau d'éponge trempé pour obtenir un peu plus d'humidité.

4. Cherche des cloportes dans les endroits humides sous les rondins, les pierres, les vieilles planches, ou fabrique un piège à cloportes (voir l'encadré de la page 21). Lorsque tu as trouvé des cloportes, dépose-les dans ton contenant en plastique avec des feuilles mortes et apporte-les dans ton terrarium.

5. Couvre l'ouverture du bocal avec de la moustiquaire fine que tu retiens en place avec du ruban adhésif ou un élastique.

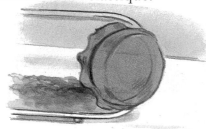

6. Maintiens ton terrarium humide en l'aspergeant d'un peu d'eau, si nécessaire. Dépose-le dans un endroit ombragé, comme au sous-sol ou sur le balcon.

7. Tu peux observer tes cloportes pendant plusieurs semaines et les rapporter ensuite dans leur habitat naturel avant l'hiver.

Fabrique un piège à cloportes

Les pommes de terre sont bonnes à manger, mais elles constituent aussi d'excellents pièges à cloportes. Évide quelques pommes de terre crues avec une cuiller et place-les à l'extérieur dans un endroit humide et sombre. Les cloportes sont attirés par les creux sombres et humides de la pomme de terre. Après quelques heures, ou toute une nuit, visite tes pièges à cloportes.

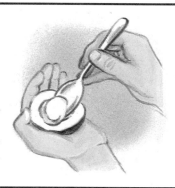

Observation d'un habitat

Lorsque tu grandis, tes vêtements deviennent trop petits et tu dois t'en procurer de nouveaux. C'est la même chose pour un cloporte. Lorsque son armure devient trop petite, elle se sépare par le milieu, d'un côté à l'autre, et elle tombe. C'est la mue. Une nouvelle armure plus grande pousse sous l'ancienne, d'abord claire, molle et élastique. Regarde bien tes cloportes et vérifie s'il y en a qui sont à moitié de couleur claire et à moitié foncés. Cela signifie qu'ils sont au milieu de leur mue. Il faudra de quelques jours à une semaine pour que la mue soit complète.

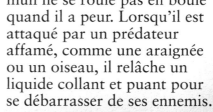

Les cloportes pondent des œufs, mais n'ont aucun besoin de nid pour les déposer. La femelle transporte ses œufs dans une poche qui pend sous son ventre jusqu'à ce que les bébés soient prêts à éclore. Essaie de trouver un cloporte avec cette poche sous l'armure de son ventre. Observe bien cette femelle afin de voir les bébés naître. Quelle est la différence entre les bébés et les adultes ? Tu pourras reconnaître les bébés à ce qu'ils sont plus petits que les adultes, plus pâles et qu'ils n'ont que six paires de pattes à la naissance au lieu de sept. Une autre paire poussera plus tard. Les jeunes accompagnent leur mère quelques jours, puis ils s'en éloignent.

Tes cloportes sont probablement tous semblables, mais tu peux en avoir de deux sortes : le cloporte commun et le cloporte vulgaire. Tu peux les différencier en observant la manière dont ils se défendent. Prends quelques cloportes dans ta main. Que font-ils ? Lorsqu'il est effrayé, le cloporte vulgaire se roule en boule, protégeant son ventre mou de ses ennemis en n'exposant que son armure. Le tatou, un gros mammifère à armure d'Amérique du Sud, agit de la même façon. Le cloporte commun ne se roule pas en boule quand il a peur. Lorsqu'il est attaqué par un prédateur affamé, comme une araignée ou un oiseau, il relâche un liquide collant et puant pour se débarrasser de ses ennemis.

Savais-tu que le nom scientifique du cloporte vulgaire — Armadillidium — vient de sa ressemblance avec le tatou (en anglais «armadillo»)?

22

Expérimente

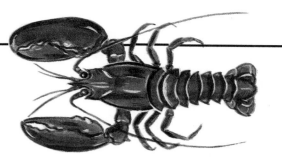

Crois-le ou non, les cloportes sont de proches parents des homards et des écrevisses. Les cloportes vivent sur terre, mais respirent à travers des branchies tout comme les poissons. Ils vivent dans des endroits humides afin que leur corps le soit aussi, car leurs branchies ne fonctionnent que lorsqu'elles sont humides. Comme les cloportes ne survivent que dans un habitat humide, ils se spécialisent dans la recherche de l'eau. Vérifie-le grâce à l'expérience suivante. Place un cloporte dans une petite boîte de sable sec pendant quelques minutes. Comment réagit-il? Dépose maintenant un bout d'éponge imbibée d'eau dans un coin. Que fait le cloporte? Dans le sable sec, le cloporte erre sans cesse, agitant ses longues antennes dans toutes les directions, à la recherche d'eau. Une fois que l'éponge est là, le cloporte s'y dirige immédiatement et s'y installe.

EN GROS

Les bons voisins de ta communauté s'entraident. Dans la communauté de la terre, les cloportes sont de bons voisins. Ils jouent un rôle important en brisant en petites bouchées de gros morceaux de plantes pourries pour les millions de minuscules animaux qui partagent leur habitat. Ces animaux comptent sur les petits morceaux de nourriture laissés par les cloportes pour survivre.

Limaces et escargots

Soulève une grosse pierre ou une vieille planche sur le sol humide et tu trouveras probablement dessous une limace molle et humide ou un escargot à coquille. Peux-tu deviner pourquoi les limaces sont collantes ou imaginer à quoi ressemble la langue d'un escargot? Savais-tu que les escargots peuvent faire disparaître leurs yeux? Tu peux en découvrir beaucoup plus sur ces animaux étonnants en en rapportant à la maison et en les élevant dans un terrarium.

1. Place une couche de sable de 1 cm dans le fond de l'aquarium ou du bocal. Recouvre-le d'au moins 8 cm de terre humide. Si tu utilises le bocal, tourne-le sur le côté et colles-y deux crayons ou bâtonnets pour l'empêcher de rouler.

2. Plante de la mousse et quelques petites plantes dans la terre. Ajoute un morceau d'écorce et quelques grosses pierres afin de procurer aux animaux un abri. Les escargots ont aussi besoin d'un morceau de craie ou de calcaire à grignoter pour aider leur coquille à pousser.

Il te faut:
un petit aquarium ou un bocal de 4 l (un gros bocal à marinades)
du ruban adhésif
deux bâtonnets ou deux longs crayons (pour le bocal)
du sable
de la terre humide
de la mousse et quelques petites plantes comme de l'herbe
un morceau d'écorce
des pierres
un petit morceau de craie ou de calcaire
des escargots de terre et des limaces
une truelle
une cuiller
un contenant en plastique au couvercle troué (un gros pot de yogourt)
de la moustiquaire fine
un élastique (pour le bocal)
de l'eau
du papier de bricolage foncé
de la nourriture pour escargots et limaces: plantes vertes, comme laitue ou chou en feuille ou haché; feuilles mortes; pomme hachée; carottes ou pommes de terre râpées; miettes de pain; fromage ou petits morceaux de viande crue

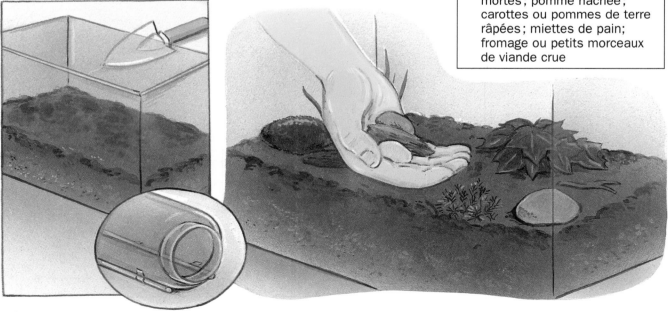

3. Pour recueillir des escargots et des limaces pour ton terrarium, regarde sous les pierres, les morceaux d'écorce, les feuilles mortes, les vieilles planches ou les rondins, dans des endroits humides comme les jardins, les bois ou sous un balcon. Cherche les limaces molles et collantes, en forme de goutte, et les escargots dans leur coquille. Les petits œufs ronds comme des perles des escargots et des limaces peuvent se trouver aux mêmes endroits, aussi bien qu'à plusieurs centimètres sous la terre meuble et humide.

4. Prends doucement quelques escargots, limaces ou œufs avec tes doigts ou une cuiller et dépose-les dans un petit contenant avec de la terre humide.

Apporte-les à la maison et mets-les dans ton terrarium. Les œufs devraient être enterrés sous un peu de terre ou déposés sous l'écorce ou une pierre, là où c'est sombre. Si tu couvres l'extérieur de ton terrarium de papier de bricolage foncé (voir étape 7), tu peux placer les œufs à la surface de la terre, près du verre, là où tu peux observer les changements.

5. Recouvre l'ouverture de ton terrarium avec la moustiquaire maintenue en place avec du ruban adhésif, ou un élastique si tu utilises un bocal.

6. Garde le terrarium à l'ombre et asperge la terre d'eau un jour sur deux pour maintenir le sol et l'air humides.

7. Recouvre la partie extérieure du bas avec du papier foncé. Cela peut encourager les animaux à pondre leurs oeufs contre le verre. Tu peux alors les observer en retirant le papier pendant de courtes périodes.

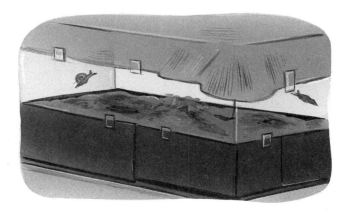

8. Nourris les escargots et les limaces de petites quantités de nourriture chaque jour, et retire la nourriture non mangée deux fois par semaine.

9. Tu peux garder tes animaux pendant plusieurs semaines ou plusieurs mois, ou même tout l'hiver. Lorsque tu as terminé tes observations, rapporte-les dans leur habitat naturel quand le sol est chaud au printemps, en été ou à l'automne.

Observation d'un habitat

Quelle est la différence entre une limace et un escargot ? Ce sont de proches parents. De l'extérieur, ils sont facilement reconnaissables : le corps mou de l'escargot est recouvert d'une coquille dure spiralée, mais le corps de la limace n'en a pas. À l'intérieur, cependant, les limaces et les escargots sont semblables, et ils se déplacent, respirent et mangent de la même façon. Peux-tu différencier les mâles des femelles ? C'est impossible parce que chaque escargot ou limace est à la fois mâle et femelle. Lorsqu'un animal contient les organes sexuels mâles et femelles, on l'appelle hermaphrodite. Il faut quand même deux escargots ou deux limaces pour s'accoupler, mais les deux produisent des œufs. Si tu observes tes

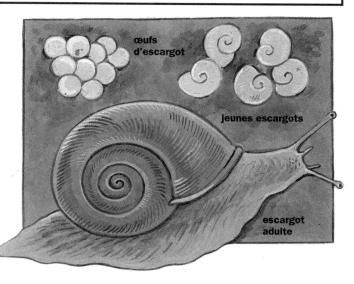

œufs d'escargot

jeunes escargots

escargot adulte

animaux par une nuit chaude, tu peux les voir accomplir leur «danse» de séduction. Regarde-les tourner lentement l'un autour de l'autre, se rapprocher et se soulever jusqu'à ce que leurs pieds soient pressés. Après être restés accrochés pendant plusieurs heures, ils se séparent. Après une semaine ou deux, ils pondent chacun environ 50 œufs qui mettent trois à quatre semaines à éclore. Après l'éclosion, les bébés escargots mangent la coquille de leur œuf et grimpent à la surface pour se nourrir. Examine les coquilles des bébés escargots. Combien de spires peux-tu compter ? Les bébés escargots ont des coquilles molles et transparentes à deux spires au lieu de quatre ou cinq comme les adultes. Un bébé escargot grandit en ajoutant des spires à sa coquille.

Expérimente

• Les escargots et les limaces ont une langue rude et râpeuse appelée radula. Prends une loupe et essaie de regarder leur langue pendant qu'ils mangent. Au lieu de prendre des bouchées de nourriture, l'escargot se sert de sa langue comme d'une lime, la frottant d'avant en arrière sur la nourriture pour l'émietter. La façon dont bouge la langue est aussi un indice pour différencier la limace de l'escargot. Les scientifiques peuvent faire la différence entre les espèces de limaces et d'escargots en étudiant l'empreinte de leur langue. Tu peux collectionner les empreintes de langue de tes limaces et de tes escargots en faisant l'expérience suivante.

Il te faut :
du gras de bœuf
un bocal avec couvercle
de la terre à jardin
une limace ou un escargot

1. Demande à un adulte de faire fondre le gras et de le verser dans le couvercle du bocal. Laisse-le refroidir jusqu'à ce qu'il durcisse.

2. Mets un peu de terre et un escargot ou une limace dans le bocal et referme le couvercle. Laisse le bocal dans un endroit frais toute la nuit.

3. Tôt, le lendemain matin, regarde les petits dessins sur le couvercle. Ce sont les empreintes de la radula de ton escargot ou de ta limace. Y a-t-il plus d'un dessin ? Pour comparer les différents modèles, tu peux répéter l'expérience.

• Ce n'est pas surprenant que les escargots et les limaces se déplacent si lentement. Après tout, ils n'ont qu'un pied ! Regarde comment tes limaces et tes escargots avancent. Place une bande de papier de bricolage noir sur le sol de ton terrarium afin que les animaux y passent. Qu'aperçois-tu sur le papier après leur passage ? Les escargots et les limaces produisent un mucus gluant appelé bave. La bave garde les animaux humides et constitue une piste glissante sur laquelle ils rampent. Si tu laisses un escargot ou une limace se déplacer sur ta main, tu pourras sentir et voir la trace.

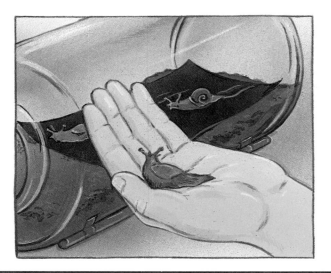

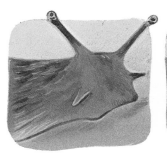

• Utilise de la nourriture comme appât pour observer les mouvements de tes limaces et de tes escargots. Place de la nourriture dans un coin du terrarium et observe leur comportement. Deux paires de tentacules aident ces animaux à explorer leur environnement. La plus petite paire sert à l'odorat et au toucher. Les plus grandes tentacules possèdent des yeux à leur extrémité et sont utilisées pour voir. Qu'arrive-t-il si tu approches un objet de leurs yeux?

• Quelle surface crois-tu que les escargots et les limaces préfèrent? Découvre-le en réalisant l'expérience suivante. Place plusieurs morceaux d'un même aliment dans le terrarium et entoure chaque morceau d'une substance différente, comme du sable, de l'herbe, des cendres, du gravier ou de la terre. Quels morceaux de nourriture sont mangés en premier? Les animaux évitent-ils certaines substances? Même si leur bave les aide à glisser sur les surfaces rugueuses, les escargots et les limaces n'aiment pas les surfaces très sèches ou rudes. Certains jardiniers protègent leurs plantes des limaces et des escargots affamés en saupoudrant du sable ou des cendres à leur base.

Les escargots et les limaces constituent un lien important dans la chaîne alimentaire de leur habitat. La plupart d'entre eux sont herbivores, ce qui signifie qu'ils mangent des plantes. Leur langue dentelée les aide à déchiqueter les plantes en petits morceaux que les plus petites bêtes terrestres peuvent manger, elles aussi. Certains escargots et limaces sont carnivores, ou mangeurs de chair, et se nourrissent d'insectes, de vers de terre ou d'autres limaces ou escargots. Lorsque les limaces et les escargots mangent des plantes et des animaux morts, ils aident à recycler les éléments nutritifs de leur habitat.

Recherche les parties suivantes sur le corps de tes limaces et escargots:

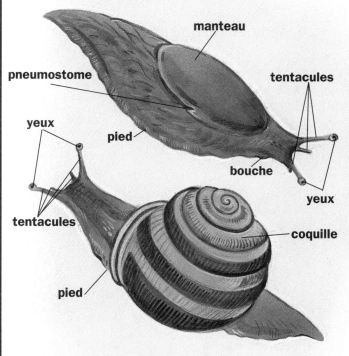

manteau
pneumostome
tentacules
yeux
pied
bouche
yeux
tentacules
coquille
pied

Savais-tu que certaines espèces d'escargots et de limaces n'étaient pas plus grosses que ce point (.), et d'autres, aussi grandes que cette page?

Monte un étang

Les étangs sont des endroits fantastiques où les gens peuvent nager et patiner, mais ils sont aussi des habitats merveilleux pour les plantes et les animaux qui y trouvent abri et nourriture. La faune des habitats voisins dépend aussi de l'étang pour l'eau et la nourriture. Poissons, oiseaux, tortues et grenouilles sont quelques-uns des plus gros aliments de l'étang, mais les habitants les plus importants de l'étang sont les plus petits. Sans les insectes et autres petites créatures aquatiques de l'étang, les plus gros animaux de l'étang mourraient de faim. Tu peux voir comment les insectes de l'étang vivent en montant ton propre étang dans un aquarium. Emprunte quelques petits objets dans la cuisine et rends-toi vite à l'étang voisin.

Il te faut :

une passoire fixée à un manche à balai
des grands seaux en plastique avec couvercles
des plantes, des insectes et d'autres invertébrés aquatiques
des gants de caoutchouc (facultatif)
un guide d'identification des insectes de l'étang
des sacs en plastique et des attaches métalliques
un bac peu profond de couleur claire
une poire à jus
des petits contenants en plastique avec couvercles troués
un petit aquarium
des petites pierres
des pinces à épiler
de la moustiquaire fine
du ruban adhésif

1. À l'aide du tamis, ramasse assez de boue dans le fond de l'étang pour en couvrir le fond de ton aquarium de 3 cm. Dépose la boue dans un des seaux.

2. Choisis quelques plantes sous-marines, comme l'élodée, et place-les dans des sacs en plastique remplis d'eau de l'étang et fermés par des attaches métalliques.

3. Ramasse assez d'eau de l'étang dans un autre seau pour remplir ton aquarium aux trois quarts.

4. Remplis ton bac peu profond avec de l'eau claire de l'étang et déposes-y les insectes et les autres animaux que tu attrapes.

5. Plonge la passoire dans l'eau pour attraper les insectes qui nagent. Secoue légèrement la passoire le long des tiges des plantes et sous les feuilles flottantes. Essaie d'attraper les insectes qui en tombent et mets-les dans le bac.

6. Recueille un ou deux escargots d'étang sur les feuilles des plantes pour les mettre dans ton aquarium. Ils contribuent à garder l'eau propre en mangeant les plantes, animaux morts et les algues vertes qui poussent sur les parois de l'aquarium.

7. Lorsque tu as plusieurs espèces différentes d'animaux, utilise la poire à jus ou la pince à épiler pour les transférer dans les petits contenants en plastique avec de l'eau et des plantes de l'étang. Ajuste les couvercles en t'assurant qu'ils sont bien troués.

8. Les insectes aquatiques qui vivent en surface, comme les gerris, ne devraient pas être transportés dans l'eau puisqu'ils peuvent s'y noyer. Mets-les plutôt dans un contenant avec des plantes aquatiques humides.

9. À la maison, dépose ton aquarium dans un endroit clair, mais pas en plein soleil (une fenêtre orientée au nord est parfaite). Ajoute la boue dans le fond et déposes-y les plantes dont tu ancres les racines avec des petites pierres. Verse lentement l'eau de l'étang dans l'aquarium jusqu'aux trois quarts. Attends que l'eau se soit éclaircie avant d'ajouter les insectes.

10. Utilise la pince à épiler pour transférer les animaux dans leur nouvel habitat. Couvre le contenant avec de la moustiquaire collée avec du ruban adhésif.

11. Lorsque tu as observé ton aquarium pendant une ou deux semaines, rapporte tous les animaux et les plantes dans l'étang pendant que la température est encore chaude. Si tu veux conserver ton habitat plus de deux semaines, il te faudra remplacer la moitié de l'eau avec de l'eau fraîche de l'étang toutes les deux semaines, afin de procurer un nouvel apport de plancton aux minuscules animaux aquatiques. Comme certains de tes insectes sont mangés ou se transforment en

adultes et s'échappent, tu dois les remplacer par de nouveaux insectes de l'étang. Ton mini-habitat nécessitera des additions et des remplacements continuels sinon les prédateurs vont mourir de faim une fois que leur réserve de nourriture sera épuisée. Dans un étang naturel, de nouveaux animaux naissent et la nourriture est toujours disponible. Rapporte tes animaux dans leur habitat naturel avant les premières gelées de l'automne afin qu'ils aient le temps de se préparer pour l'hiver.

Observation d'un habitat

Est-ce qu'une de tes créatures a changé pendant son séjour dans l'aquarium ? En l'espace de deux semaines, tu peux avoir observé de jeunes insectes (larves ou pupes) devenir des adultes juste sous tes yeux. Dépose un long bâton dans l'aquarium afin que les nymphes puissent sortir de l'eau et y grimper pour se transformer en adultes. Laisse s'envoler les adultes ailés une fois que tu les as bien observés.

phrygane adulte

larve de phrygane

Vois-tu des créatures se tenir juste sous la surface ? Les larves de moustiques se tiennent à l'envers sous la surface et pointent un petit syphon en forme de tube dans l'air. Le syphon agit comme un tube respiratoire, aspirant l'air dans le corps du moustique. Les pupes de moustiques, qui ressemblent à de petites virgules noires, ont une paire de syphons sur la tête, comme de petites antennes.

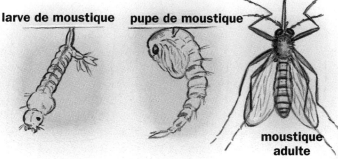

larve de moustique   pupe de moustique   moustique adulte

Tu as peut-être remarqué de petits coléoptères noirs et rapides qui nagent en cercle à la surface de l'eau, puis plongent sous l'eau. Ce sont des gyrins tourniquets. Cherche la petite bulle d'air au bout de leur abdomen lorsqu'ils plongent. Y est-elle toujours lorsqu'ils remontent ? Cette bulle, additionnée à celle qui est enfermée sous leurs ailes, agit comme une bouteille de plongée, emmagasinant l'oxygène que l'insecte respire pendant qu'il est sous l'eau. Lorsque tout l'oxygène a été utilisé, les coléoptères remontent à la surface pour une autre «bouteille» d'air.

gyrin tourniquet

Peux-tu observer d'autres créatures qui ne viennent pas respirer à la surface ? Ces animaux peuvent posséder des branchies qui leur permettent de puiser l'oxygène dans l'eau, comme les poissons. Les nymphes de demoiselles en ont trois grandes en forme de queues au bout de leur corps. De très petits animaux respirent à travers leur peau, et ils peuvent rester sous l'eau tout le temps.

Comment crois-tu que les plantes submergées «respirent» ? Regarde les petites bulles sur les feuilles sous-marines. Lorsqu'une plante subit la photosynthèse afin de fabriquer sa nourriture, appelée glucose, elle fixe le gaz carbonique dans l'eau et libère de l'oxygène. Cet oxygène est utilisé par les autres formes de vie de l'étang pour respirer. En échange, les animaux expirent le gaz carbonique que les plantes utilisent.

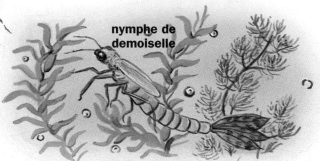

nymphe de demoiselle

Examine le plancton

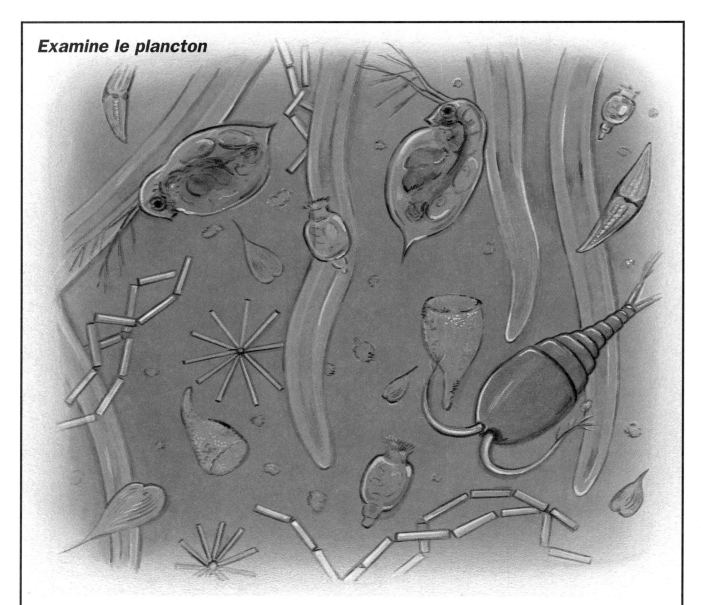

Savais-tu qu'il existe dans ton aquarium une communauté entière de plantes et d'animaux qui sont si petits que tu ne peux les voir sans un microscope? La communauté du plancton est remplie d'une vie aux couleurs, formes et tailles extraordinaires. Si tu possèdes un microscope, prends un compte-gouttes et place une goutte de l'eau de l'étang sur une lamelle sous la lentille. En général, les formes qui bougent sont des animaux et les formes de couleur verte sont des plantes. Le plancton procure presque toute la nourriture aux insectes et aux autres petits invertébrés qui, en retour, nourrissent grenouilles, crapauds, couleuvres, tortues, poissons, oiseaux et mammifères de l'étang.

La vie dans l'étang est un monde d'insectes insectivores. Par exemple, les nymphes de libellules mangent les larves de moustiques. Peux-tu deviner quels animaux sont les prédateurs et lesquels sont les proies dans ton mini-étang? Les animaux comptent les uns sur les autres pour se nourrir et utilisent aussi les plantes comme abri et nourriture. Leur vie dépend d'un habitat propre et en santé, tout comme les gens ils ont besoin d'un environnement sain et propre. Peux-tu dire si l'eau de ton étang est propre ou polluée? La couleur de l'eau n'est pas un indice infaillible puisque certains pollueurs sont invisibles. Une façon qu'ont les biologistes de vérifier la santé d'un étang est de regarder les animaux qui y vivent. Certains animaux ne se retrouvent qu'en eau très propre, alors que d'autres réussissent à vivre en eau fortement polluée. Les animaux que les scientifiques recherchent sont appelés animaux indicateurs; ils indiquent si l'eau est propre ou polluée. Vérifie, dans le tableau ci-dessous, si ton mini-étang possède de ces animaux indicateurs.

Lorsque l'habitat de l'étang devient pollué par les produits chimiques, les détergents, le pétrole ou d'autres substances, il change. Plusieurs des plantes et des animaux qui l'habitent vont mourir ou tomber malades et seront alors incapables de se reproduire. Lorsque cela arrive, l'équilibre naturel de l'habitat est renversé. La nourriture de certains animaux peut disparaître, et ces derniers doivent déménager ou mourir de faim. Si les herbivores quittent l'étang, certaines plantes vont s'étendre trop vite et envahir l'habitat, détériorant l'espace nécessaire aux poissons et aux autres animaux qui ont besoin d'eau courante. L'eau polluée peut aussi nuire aux animaux des habitats voisins qui viennent manger et boire à l'étang. Certaines matières polluantes stagnent dans la boue du fond de l'étang pendant des années, empoisonnant lentement l'eau, ses plantes et ses animaux. Même si certains habitats pollués peuvent parfois être nettoyés, ils ne seront jamais les mêmes qu'avant que l'équilibre soit perturbé.

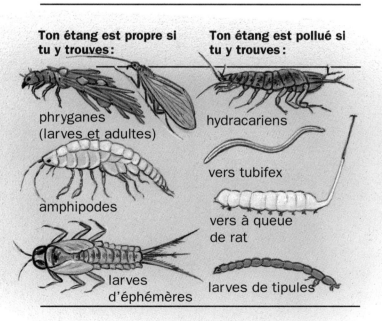

Ton étang est propre si tu y trouves:

phryganes (larves et adultes)

amphipodes

larves d'éphémères

Ton étang est pollué si tu y trouves:

hydracariens

vers tubifex

vers à queue de rat

larves de tipules

Une histoire de crapaud

Lorsque tu étais bébé, tu ressemblais à une version miniature de tes parents. Les bébés amphibiens (animaux qui habitent sur terre et dans l'eau), comme les crapauds et les grenouilles, ne ressemblent absolument pas à leurs parents. Lorsqu'ils éclosent, les grenouilles et les crapauds sont des têtards minuscules ressemblant à des poissons. Crée un mini-habitat pour y élever à l'intérieur des têtards de crapauds et découvrir comment ces petits nageurs se transforment en sauteurs terrestres.

1. Au printemps, tu trouveras des œufs de crapauds dans les étangs qui ont séché pendant l'été et dans les eaux peu profondes des grands étangs. Cherche les longs chapelets gélatineux d'œufs autour des pierres et des plantes submergées. Ne confonds pas avec les masses gélatineuses d'œufs de grenouilles.

2. Sers-toi de tes mains ou de la passoire pour en ramasser quelques-uns et les placer dans un gros contenant en plastique avec 7 cm d'eau de l'étang, et emporte le tout à la maison.

3. Une fois arrivé, retire le couvercle et place le contenant dans un endroit clair, mais pas en plein soleil.

4. Les œufs devraient éclore après 3 à 12 jours, selon la température de l'eau; plus elle est chaude, plus vite ils écloront. S'il y a plusieurs têtards dans l'espace restreint de ton aquarium, les plus gros mangeront les plus petits; garde donc seulement 4 têtards et rapporte les autres dans l'étang.

Il te faut:
des œufs de crapauds
une passoire
un gros contenant en plastique avec couvercle
de l'eau de l'étang
de la nourriture pour têtards: laitue et œufs durs
des morceaux d'écorce
du gravier ou du sable propre
un aquarium de 20 l
des morceaux de charbon
de la terre
un bol peu profond
des petites pierres
des brindilles
du ruban adhésif
de la moustiquaire fine
de la nourriture vivante pour crapauds adultes: vers à farine (dans les animaleries), vers de terre (voir page 15), coléoptères, papillons de nuit, perce-oreilles, du bœuf haché cru et du fil

5. Comme les têtards mangent les algues (petites plantes vertes) dans l'eau de l'étang, change la moitié de l'eau de ton aquarium deux fois par semaine pour en renouveler les réserves. Tu dois retourner à l'étang où tu as trouvé tes œufs de crapauds pour recueillir l'eau. Tu peux aussi nourrir les têtards avec de petits morceaux de laitue flétrie ou bouillie ou des morceaux d'œufs durs, tous les jours. Nettoie toute nourriture non consommée avec la passoire avant d'en ajouter de la nouvelle.

6. Lorsque les têtards ont des pattes, fais flotter des morceaux d'écorce sur l'eau afin qu'ils puissent y grimper. Lorsque leur queue disparaît, tu dois les transférer dans un terrarium. Garde seulement un ou deux crapauds et rapporte les autres sur le bord de l'étang où tu as trouvé les œufs.

7. Pour fabriquer un terrarium, place 5 cm de gravier ou de sable propre dans le fond d'un aquarium de 20 l. Couvre cette couche avec des morceaux de charbon pour garder le terrarium frais et ajoute 10 cm de terre. La terre doit être maintenue humide, mais pas trempée.

8. Place un bol peu profond rempli d'eau de l'étang à une extrémité de ton terrarium. Ajoute quelques pierres dans l'eau afin de donner de la prise aux crapauds sur le verre lisse. Change l'eau de l'étang deux fois par semaine.

9. Place quelques petites pierres, des brindilles et de l'écorce sur le sol afin de procurer un abri aux crapauds. Comme ils vont creuser et déraciner les plantes, ne plante rien.

10. Ajoute les crapauds au terrarium et ferme l'ouverture avec de la moustiquaire pour les empêcher de sauter. Place le terrarium dans une fenêtre orientée au nord, loin des rayons directs du soleil, là où ils auront de l'air frais, sans courants d'air.

11. Nourris les crapauds quotidiennement avec de la nourriture vivante. Tu peux élever ta propre nourriture, l'attraper à l'extérieur ou l'acheter dans une animalerie. Certains crapauds vont aussi manger de la viande hachée crue si elle est placée au bout d'un fil et agitée devant eux, comme si la nourriture était vivante. Si ton crapaud ne mange pas, il a peut-être un problème. Rapporte-le sur le bord de l'étang où il pourra se nourrir et croître normalement.

12. Après une semaine d'observation des crapauds, rapporte-les sur le bord de l'étang où tu as trouvé les œufs.

Une métamorphose

Prépare-toi à un des moments magiques de la nature. Tu verras de tes yeux les œufs éclore en têtards et se transformer ensuite en crapauds adultes. Ce changement s'appelle métamorphose. Pendant que tu élèves tes œufs et tes têtards, note ce que tu vois et dessine ou prends des photos afin de pouvoir les utiliser pour une recherche en science ou en parler à tes amis.

1. La gelée qui entoure les œufs les protège et les fait flotter. Lorsque les œufs éclosent, de petits têtards noirs sortent de la gelée et s'y accrochent pendant un jour ou deux. Au début, les têtards ont une petite queue et sont de faibles nageurs qui se servent de la gelée comme bouée de sauvetage. Ils restent en groupe jusqu'à ce qu'ils soient assez grands pour nager seuls.

2. Utilise une loupe pour voir leurs petites branchies sur les côtés de leur tête. Les têtards respirent par des branchies comme les poissons.

3. Dans trois ou quatre semaines, tu remarqueras de petites bosses sur les côtés du corps d'un têtard, près de la base de la queue. Surveil-

1

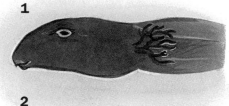

2

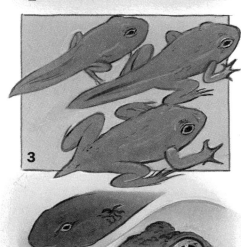

3

4

5

le ces bosses se transformer graduellement en courtes pattes arrière pendant la semaine suivante. Environ deux semaines après la croissance des pattes arrière, celles d'en avant apparaissent dans les ouvertures des branchies, de chaque côté. Quelle patte pousse en premier? Qu'arrive-t-il à la queue du têtard? Pendant que le têtard grandit, sa queue rapetisse jusqu'à disparaître.

4. La forme de la bouche du têtard change elle aussi. La petite bouche ronde d'un têtard a des mâchoires pointues et des petites dents pour gratter les algues et les protozoaires (animaux microscopiques) des pierres et des plantes. La bouche s'élargit graduellement et devient une large bouche édentée qui fait croire que le crapaud sourit. À l'intérieur du corps, le crapaud a remplacé les branchies par des poumons afin de respirer l'air et a aussi transformé son système digestif parce que les adultes mangent de la viande plutôt que des plantes.

5. Environ deux mois plus tard, lorsque la queue du têtard disparaît, il est prêt à vivre sur terre. Le petit crapaud noir ou brun foncé n'a que quelques centimètres de long et ressemble à un grillon.

Observation d'un habitat

Arrives-tu à trouver les oreilles du crapaud? Cherche les petites formes rondes et lisses sur les côtés de sa tête, derrière les yeux. Ce sont ses tympans, qui perçoivent les vibrations sonores, comme tes propres tympans. Les crapauds peuvent très bien entendre, et ceci est particulièrement important durant la saison des amours quand les mâles chantent très fort

pour attirer les femelles. Ton crapaud possède-t-il une poche de peau blanche sous sa gorge? C'est le sac vocal du mâle. Tu peux parfois entendre le chœur des crapauds mâles au printemps, dans les étangs des boisés.

La peau épaisse et rugueuse d'un crapaud semble sèche comparée à la peau glissante de la grenouille. Comme la peau épaisse d'un crapaud ne perd pas d'eau aussi facilement que celle d'une grenouille, le crapaud peut

passer plus de temps sur terre, loin de l'étang. Le crapaud absorbe l'humidité par sa peau plutôt que par sa bouche. S'il n'y a pas d'eau à proximité pour s'y coucher, le crapaud peut se tremper dans la rosée ou s'enfouir dans la terre mouillée. Pendant que le petit grandit, sa peau devient trop petite et il doit en faire pousser une autre et se débarrasser de la vieille. Un jeune crapaud grandit tellement vite qu'il change de peau toutes les semaines. Le processus complet ne prend que cinq minutes, aussi dois-tu être attentif pour en être témoin. La vieille peau se fend sur le dos et le crapaud la retire, comme tu enlèverais un chandail. Tu ne trouveras pas la peau cependant car le crapaud la mange!

Tu dois être très rapide pour attraper une mouche avec ta main, mais imagine-toi être capable de le faire avec ta langue! Regarde ton crapaud attraper son dîner. À quelle distance la nourriture s'approche-t-elle de la bouche du crapaud avant d'être mangée? Ta langue est rattachée à l'arrière de ta bouche, mais celle du crapaud est

attachée à l'avant de sa bouche. Les insectes qui passent sont happés par sa langue collante. Est-ce que les yeux de ton crapaud sont ouverts ou fermés pendant qu'il mange? Les crapauds mangent toujours les yeux fermés. C'est parce que les globes oculaires des crapauds plongent dans sa tête et aident à pousser la nourriture dans sa gorge. Comme un crapaud avale très vite, on dirait qu'il cligne des yeux en mangeant.

Si tu entends dire que toucher un crapaud donne des verrues, ne t'inquiète pas... Les bosses sur le dos d'un crapaud ne sont pas des verrues. Les deux grosses bosses derrière ses yeux sont des glandes parotidiennes utilisées pour empêcher les ennemis de manger le crapaud. Cependant, il serait bon de te laver les mains après avoir touché un crapaud puisque le poison sécrété peut irriter tes yeux ou ta bouche.

Expérimente

• Les crapauds ont plusieurs trucs pour échapper à leurs ennemis comme les couleuvres, les oiseaux et les ratons laveurs. La peau brune et rugueuse du crapaud se marie bien avec le sol. Si un de ses ennemis l'attrape, les glandes parotidiennes du crapaud relâchent un liquide infect et les animaux vont le recracher. Les couleuvres ne semblent cependant pas préoccupées par ce poison, alors le crapaud se gonfle d'air afin de devenir trop gros pour être avalé. Mets une couleuvre en plastique dans le terrarium afin de vérifier si le crapaud se gonflera pour se défendre.

EN GROS

Les têtards sont une importante source de nourriture pour les poissons, les tortues et d'autres animaux. Une fois adultes, les crapauds dévorent des milliers d'insectes, ce qui contribue à maintenir l'équilibre de leur habitat terrestre. Les crapauds sont aussi très utiles dans nos jardins : ils attrapent des quantités d'insectes qui mangent les plantes et nuisent aux humains. De fait, certains pionniers gardaient un crapaud dans la maison pour contrôler les insectes à l'intérieur également.

Même si les crapauds passent beaucoup de temps à terre, ils ne peuvent pondre leurs œufs que dans l'eau. Quand les gens drainent ou remplissent les étangs et les marais pour cultiver ou construire, les crapauds ont moins d'endroits où pondre leurs œufs. Les crapauds réussissent à se défendre contre leurs ennemis, mais ils ne peuvent pas se défendre contre la destruction de leur habitat.

Des fourmis étonnantes

Une colonie de fourmis est semblable à un palais où les fourmis servantes s'occupent de la reine et de toutes les autres tâches ménagères. Dans cet habitat souterrain caché, les fourmis travaillent, se reposent, mangent et dorment en toute sécurité. Tu peux fabriquer un fourmilarium et découvrir ce qu'elles font lorsqu'elles disparaissent sous terre, comment elles communiquent et pourquoi on les considère comme des insectes sociaux. Tu peux même rencontrer la reine.

Il te faut:
un bocal de 4 l (un gros bocal à marinades) ou un petit aquarium
une boîte vide de jus surgelé, avec une extrémité fermée, ou un plus gros contenant, si tu utilises un aquarium
de la terre à jardin
un petit morceau d'éponge imbibée d'eau
de la nourriture pour fourmis, comme des miettes de pain, du sucre ou du miel
une truelle
des fourmis
de l'étamine
un élastique
du ruban adhésif
du papier noir

1. Place la boîte, ouverture vers le bas, au milieu du bocal. Remplis l'espace vide autour de la boîte avec de la terre non tassée, laissant 5 à 7 cm en haut du bocal. La boîte de jus force les fourmis à s'activer près de la paroi de verre où tu peux les voir. Si tu utilises un aquarium pour ton fourmilarium, mets un plus grand contenant, comme un plat en plastique, au lieu de la boîte de jus.

2. Dépose un petit morceau d'éponge imbibée d'eau dans le bocal pour l'humidité.

3. Trouve une fourmilière de fourmis noires ou brunes dans un endroit où tu peux creuser facilement, dans la cour ou le jardin. Dépose du pain ou des grains de sucre dans l'ouverture afin de les attirer. Creuse en rond autour du trou et recueille la plus grande partie possible de la fourmilière dans ton bocal. Essaie de trouver la plus grosse fourmi, la reine, et mets-la dans le bocal avec le plus grand nombre de fourmis possible venant du même endroit.

4. Recouvre l'ouverture du bocal avec l'étamine maintenue en place avec un élastique.

5. Colle une feuille de papier noir autour du bocal. Cela encouragera les fourmis à creuser des tunnels près du verre. Après environ une semaine, retire le papier noir pendant une courte période, le temps de regarder les tunnels et les fourmis sous terre.

6. Maintiens le sol humide, mais non mouillé, et place le fourmilarium dans un endroit ombragé jouissant d'une bonne circulation d'air. Nourris tes fourmis tous les jours en saupoudrant des miettes de pain recouvertes de miel et de sucre sur le sol. Retire tous les restes de nourriture avant d'en ajouter de la nouvelle.

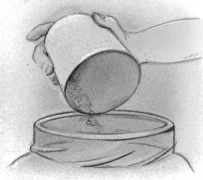

7. Observe tes fourmis tous les deux jours pendant un certain temps, et essaie les expériences des pages suivantes. Tu peux garder ta colonie de fourmis pendant des mois, pourvu que tu les nourrisses et que tu t'assures qu'elles se développent bien. Il est aussi intéressant de garder une colonie de fourmis pendant l'hiver. Lorsque tu as terminé tes observations, rapporte les fourmis là où tu as trouvé la fourmilière, au printemps, en été ou à l'automne.

Et si...

... tu trouves des fourmis ailées dans ta colonie? Ce sont de nouvelles reines et de nouveaux mâles, qui sont produits une fois par année. Relâche les fourmis ailées à l'extérieur afin qu'elles s'y accouplent.

... la colonie devient surpeuplée? Plus tu as de travailleuses dans ton bocal et plus ta colonie va croître. Lorsque cette dernière est surpeuplée, la reine cesse de pondre des œufs. Si cela arrive, rapporte tes fourmis dans leur habitat naturel, ou relâche la moitié de la colonie, en gardant la reine, et regarde la colonie se reconstruire.

Observation d'un habitat

Ton habitat, c'est ta maison, l'endroit où tu vis. L'habitat des fourmis, c'est leur colonie souterraine. Si tu devais emménager dans une maison aussi vite que l'ont fait les fourmis dans ton fourmilarium, cela te prendrait beaucoup de temps à t'organiser et à tout mettre en place. Les fourmis sont spécialistes en organisation et elles peuvent construire en quelques jours une nouvelle colonie avec chambres, garde-manger et même des pièces spéciales pour les ordures. Pendant que la reine se repose dans la salle du trône en pondant des œufs et qu'on fait sa toilette, toutes les fourmis ouvrières s'occupent des tâches ménagères, de l'entretien, de la pouponnière, elles se nourrissent et se font mutuellement leur toilette, et ramassent de la nourriture.

Tu verras des fourmis adultes, mais tu verras aussi des œufs, des larves et des pupes, les stades du cycle de vie d'une fourmi. Les œufs sont petits et blancs. Après environ une semaine dans sa nouvelle demeure, la reine devrait commencer à pondre des œufs. Regarde les ouvrières les emporter loin d'elle. La petite larve ressemble à un ver qui se tortille et la pupe, à un petit grain de riz. Lorsque tu trouves des larves et des pupes, observe les ouvrières qui les nourrissent, les lavent et font leur toilette.

Si tu avais un bandeau sur les yeux, tu tendrais probablement les bras devant toi pour retrouver ton chemin à travers une pièce. Les fourmis le font avec leurs antennes. Comme elles ont la vue faible, elles agitent constamment leurs antennes pour sentir leur chemin. Regarde le coude au milieu d'une antenne. Il permet à l'antenne de plier et de s'articuler tout autour. Les antennes sont aussi importantes pour sentir, recueillir les vibrations et même prendre la température. Utilise une loupe pour voir une fourmi nettoyer ses antennes. Essaie de trouver le «peigne» intégré près de l'articulation centrale de chaque patte avant. Il est utilisé pour nettoyer l'antenne et le reste du corps.

Expérimente

• T'es-tu déjà demandé comment les fourmis réussissaient à trouver les sandwichs de ton pique-nique? Tu peux découvrir comment les fourmis communiquent entre elles en saupoudrant des miettes de pain sucrées dans un coin de ton fourmilarium. Après que la première fourmi a trouvé la nourriture, suis-la lorsqu'elle retourne à la colonie pour répandre la nouvelle. Comment communique-t-elle avec les autres fourmis. En se frottant ou en se léchant, la première fourmi passe un message de goût et de senteur aux autres, expliquant qu'elle a trouvé de la nourriture. Regarde les autres se diriger vers la nourriture. Suivent-elles la trace de la première fourmi, ou prennent-elles des chemins différents? Qu'arrive-t-il si tu passes ton doigt à travers le chemin qu'empruntent les fourmis? Lorsque la première fourmi a pris le chemin, elle a laissé traîner son ventre sur le sol plusieurs fois, laissant une piste d'odeur pour les autres. Lorsque tu passes ton doigt à travers la piste, tu effaces la senteur à cet endroit. Les fourmis sont confuses un certain temps, mais retrouvent finalement la piste et continuent leur chemin.

• Les fourmis sont des insectes sociaux. Cela signifie qu'elles travaillent ensemble pour survivre. Regarde les fourmis ouvrières coopérer en partageant la tâche de rapporter de gros morceaux de nourriture dans la colonie. Certaines fourmis peuvent soulever jusqu'à 50 fois leur poids. Comme si tu soulevais deux automobiles à la fois!

• Les fourmis ont besoin de chaleur pour être actives. Lorsque les froids arrivent, les ouvrières ralentissent jusqu'à geler à mort en hiver. Vérifie comment le froid affecte les activités de ta colonie en plaçant ton fourmilarium dans le frigo (*pas* le congélateur) pendant une nuit.

Le matin suivant, retire-le du frigo et regarde agir les fourmis. Les ouvrières se déplaceront très lentement au début, mais deviendront de plus en plus actives en se réchauffant.

• Plonge un long bâton mince d'un côté du terrarium pour faire un trou. Remplis le trou d'eau pour représenter une inondation dans la colonie. Que font les fourmis? Tu devrais les voir déménager les œufs dans une section plus sûre et plus sèche de la colonie. Combien de temps mettent les fourmis à réparer les dommages?

Les fourmis te dérangent peut-être lorsque tu fais un pique-nique, mais elles aident les plantes dont elles partagent l'habitat. En creusant des galeries dans la terre, les fourmis ameublissent le sol et le rendent plus facile à pénétrer pour les racines. Les espaces ainsi créés permettent aussi à l'air et à l'eau de pénétrer en profondeur dans la terre, ce qui aide les plantes à pousser.

Ouvrières infatigables, les fourmis sont de fantastiques mélangeuses et déménageuses de terre. Au lieu d'utiliser une pelle ou un roto-culteur pour retourner le sol dans ton jardin, les fourmis le font à ta place juste en se déplaçant. En fait, les fourmis habitant la moitié d'un hectare peuvent déplacer l'équivalent de tout un camion de terre en une année ! Un sol bien mélangé permet aux éléments nutritifs de la surface de pénétrer en profondeur là où les racines des plantes en ont besoin.

Une forêt sous verre

Lorsque tu marches dans la forêt, tu peux voir et entendre beaucoup d'animaux différents qui se déplacent, mais que font donc les plantes ? Tu ne peux pas les voir en action, mais les plantes s'activent à fabriquer leur nourriture, à respirer et à recycler l'eau. Pour les voir de près, plante une petite forêt et découvre comment la nature recycle sans cesse l'air et l'eau pour aider la forêt à pousser.

Il te faut :
du gravier
un aquarium de verre
des morceaux de charbon
des plantes de sous-bois
de la terre
une truelle
des sacs en plastique
des petites pierres ou des
   morceaux d'écorce
une cuiller
de l'eau
un vaporisateur
un couvercle ou une pellicule
   plastique pour recouvrir le
   contenant

1. Place une couche de gravier de 2 ou 3 cm dans le fond de l'aquarium pour le drainage.

2. Ajoute une couche de charbon pour garder le sol frais et place 5 cm de terre sur le dessus.

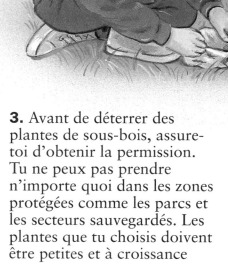

3. Avant de déterrer des plantes de sous-bois, assure-toi d'obtenir la permission. Tu ne peux pas prendre n'importe quoi dans les zones protégées comme les parcs et les secteurs sauvegardés. Les plantes que tu choisis doivent être petites et à croissance lente (voir **Quoi faire pousser,** page 51). Utilise la truelle pour déterrer les plantes; place-les dans des sacs en plastique, avec un peu de terre. Dérange le moins de choses possible dans les environs et ne prends que quelques plantes.

4. Ramasse quelques petites pierres ou des morceaux d'écorce, si possible avec de la mousse ou du lichen qui pousse dessus. Tu pourras les ajouter à ton contenant plus tard.

5. Lorsque tu places tes plantes dans l'aquarium, arrange-les comme dans une forêt. Utilise les plus hautes plantes pour représenter les arbres et les buissons, et les lierres et les mousses peuvent recouvrir le sol. Assure-toi de laisser de l'espace pour la croissance des plantes. Si tu veux regarder ta mini-forêt de tous les côtés, place les plantes les plus hautes au centre et les plus courtes autour. Creuse de petits trous avec une cuiller, mets-y les plantes et presse le sol autour des racines.

6. Lorsque tes plantes sont en place, ajoute de petites pierres et de l'écorce. Arrose le contenant avec le vaporisateur jusqu'à ce que le sol soit mouillé, mais pas trempé.

7. Recouvre le contenant et place-le dans un endroit clair, comme une fenêtre orientée au nord, mais pas en plein soleil. Certaines plantes de sous-bois, comme les fougères, poussent dans les endroits semi-ombragés.

8. Ta mini-forêt est indépendante. Chaque mois, vérifie l'humidité du sol; il te faudra peut-être arroser un peu à l'occasion.

9. Après environ un an, tu devras peut-être remplacer certaines plantes parce qu'elles sont trop grosses ou en plus ou moins bonne condition. Tu voudras peut-être aussi changer le décor et ajouter des espèces différentes. Remplace la vieille terre afin de procurer aux plantes un nouvel apport d'éléments nutritifs.

10. Tu peux garder ta mini-forêt pendant plusieurs années tout en émondant ou en replantant annuellement. Lorsque tu ne veux plus de tes plantes, replante-les dans leur habitat naturel.

Et si...

... le verre devient tout embué? Cela signifie qu'il y a trop d'humidité dans le contenant. Enlève le couvercle et laisse sécher pendant quelques jours, puis remets le couvercle. Si tu aperçois de la condensation (des gouttelettes d'eau à l'intérieur du verre) sur le tiers supérieur du contenant seulement, cela signifie que le niveau d'humidité est parfait.

... les feuilles de tes plantes deviennent brunes? Tes plantes préfèrent peut-être moins de chaleur et de soleil; alors essaie de mettre le contenant dans un endroit plus ombragé.

... une plante devient trop grosse pour le contenant? Pince le bout des tiges avec tes doigts. Cela va stimuler la croissance des branches inférieures et ralentir la croissance en hauteur. Les plantes qui poussent trop vite et envahissent les autres plantes doivent être enlevées et remplacées par de plus petites plantes.

Quoi faire pousser

Tu peux créer une mini-forêt sous verre en choisissant des plantes de différentes tailles et en les arrangeant comme une forêt avec de petites pierres et des mousses ou de l'écorce couverte de lichen.

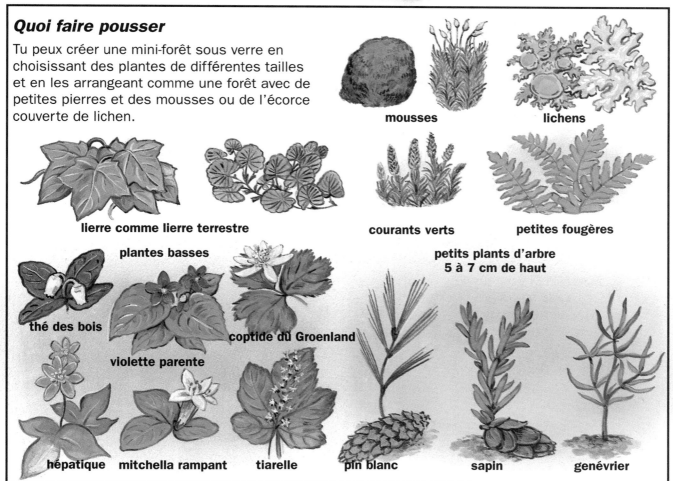

mousses

lichens

lierre comme lierre terrestre

courants verts

petites fougères

plantes basses

petits plants d'arbre
5 à 7 cm de haut

thé des bois

coptide du Groenland

violette parente

hépatique   mitchella rampant   tiarelle   pin blanc   sapin   genévrier

Observation d'un habitat

Tu as déjà vu une fontaine dans un parc ou dans un centre commercial. L'eau jaillit et retombe dans un bassin peu profond. Puis, l'eau est pompée dans la fontaine et rejaillit de nouveau. La même eau monte et descend toute la journée. Les plantes de ton terrarium ressemblent aux fontaines d'eau. Les racines aspirent l'eau dans le sol et l'acheminent aux feuilles par la tige. Les feuilles éliminent une grande quantité d'eau à travers de petits trous appelés stomates : ce processus s'appelle la transpiration. Regarde les fines gouttelettes d'eau au bord des feuilles de tes plantes. Ces gouttes d'eau sont transformées en vapeur d'eau (un gaz invisible) et sont évaporées par la chaleur du soleil. Dans une forêt, la vapeur d'eau s'élève dans le ciel, se condense (redevient des gouttelettes d'eau) et forme des nuages. Comme la vapeur d'eau ne peut pas traverser le verre de ton contenant, elle se refroidit et se condense sur le verre en arrivant en haut. L'eau coule alors le long des côtés et retourne dans le sol où les racines des plantes vont l'aspirer de nouveau. Tout comme une fontaine, tes plantes utilisent sans cesse la même eau.

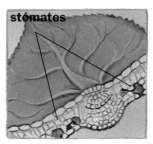

Tu as besoin de bons aliments pour t'aider à grandir, mais qu'est-ce qui fait grandir les plantes ? Au lieu de trouver de la nourriture comme le font les animaux, les plantes fabriquent leur propre nourriture dans leurs «feuilles-usines». Les feuilles vertes des plantes contiennent de la chlorophylle qui puise son énergie dans le soleil, le gaz carbonique dans l'air et l'eau dans le sol pour fabriquer la nourriture de la plante. Ce processus est appelé photosynthèse. Regarde les feuilles, les tiges ou les branches nouvelles qui apparaissent sur tes plantes. Utilise une règle pour mesurer la hauteur ou la longueur des tiges principales de tes plantes tous les mois. Quelles plantes croissent le plus rapidement ?

Contrairement à l'eau qui est recyclée par les plantes, les sels minéraux du sol restent dans la plante. Les sels minéraux ne retournent pas dans le sol avant que la plante meure et se décompose. En continuant de croître, tes plantes utilisent tous les minéraux dans le sol. Pour garder tes plantes en santé, tu dois ajouter chaque année de la terre fraîche avec sa réserve nouvelle de sels minéraux.

L'oxygène que tu respires dans le moment peut avoir été fabriqué par tes plantes de maison ou un arbre du voisin! Pendant la photosynthèse, les plantes fixent le gaz carbonique et expulsent l'oxygène. Les animaux et toi utilisez l'oxygène pour respirer. En retour, vous expirez du gaz carbonique, qui est utilisé par les plantes. Comme il n'y a pas d'animaux dans ton aquarium fermé, comment se fait-il que les plantes ne manquent pas de gaz carbonique ? En plus de la photosynthèse, les plantes respirent aussi, surtout dans le noir, lorsque leurs feuilles-usines sont au repos. La respiration est l'opposé de la photosynthèse; les plantes absorbent de l'oxygène et expulsent du gaz carbonique. Les plantes de ton contenant recyclent elles-mêmes leur air.

Lorsque tu couvres le contenant, tu crées un écosystème clos. Cela signifie que rien n'est ajouté ou ne peut s'échapper du contenant. Le monde entier est un type d'écosystème clos, lui aussi, puisque l'air et l'eau ne sont jamais perdus ni ajoutés : ils sont continuellement recyclés. Si ton air et ton eau deviennent trop sales à cause de la pollution, il n'y a pas de réserves à utiliser.

S'il y a des arbres près de chez toi, ton air est alors purifié gratuitement. Les arbres et les autres plantes absorbent de grandes quantités de gaz carbonique et des particules de poussière contenues dans l'air, le nettoyant et le rendant plus sain à respirer. La perte de nos forêts signifie que moins de gaz carbonique et d'autres pollueurs sont éliminés de l'air. Une trop grande quantité de gaz carbonique dans l'air contribue à l'effet de serre. Le gaz carbonique agit comme les panneaux de verre d'une serre en emprisonnant la chaleur et en la réfléchissant sur Terre. Les scientifiques s'inquiètent du fait que l'effet de serre va causer le réchauffement de la Terre. Ce réchauffement global pourrait entraîner plusieurs problèmes, incluant la hausse du niveau des océans et les inondations côtières à cause de la fonte des calottes polaires. Plusieurs villes plantent des arbres pour aider à purifier l'air et absorber le gaz carbonique produit par les automobiles et les usines.

Lorsqu'un habitat forestier est détruit, les plantes et les animaux qui y vivent sont perdus, eux aussi. Mais les effets de la destruction d'un habitat peuvent être encore pires. Lorsque de grands secteurs de forêt sont abattus, le cycle de l'eau est aussi attaqué. Les eaux de pluie ne sont plus absorbées par les racines comme d'habitude, mais elles ruissellent en emportant de la terre dans les cours d'eau. Sans les arbres, il y a moins d'eau qui retourne dans l'air et le cycle est rompu. Après plusieurs années, la perte de vie végétale peut causer des inondations dans certaines régions ou créer des déserts où presque rien ne peut pousser.

Le gaz carbonique emprisonne la chaleur dans l'atmosphère de la Terre, causant l'effet de serre.

Des monticules de mousse

Si tu pouvais rapetisser à la taille d'une fourmi et faire un voyage dans de la mousse, tu pourrais y voir des formes de palmiers, de plumes, de fougères et même d'épingles géantes. Rapetisser est impossible, mais tu peux te servir d'une loupe pour regarder de la mousse de près et voir quelques-unes de ses magnifiques formes, tailles et couleurs. Tu trouveras des mousses qui poussent sur les pierres, l'écorce des arbres, les rondins pourris, dans les fentes des trottoirs et même sous la neige. Ramasse quelques échantillons de mousses et plante un jardin de mousses à la maison. Provoque ensuite un orage et découvre les rôles importants que jouent les mousses dans l'environnement.

1. Dépose 2 cm de gravier dans le fond de ton contenant pour le drainage. Ajoute une mince couche de charbon pour garder la terre fraîche. Si tu utilises un bocal, tourne-le sur le côté et colle deux bâtonnets, à quelques centimètres l'un de l'autre, pour empêcher le bocal de rouler.

2. Couvre le charbon de 2 cm de terre. Mets plus de terre à l'arrière de ton contenant afin que les plantes puissent pousser à des hauteurs différentes.

3. Ramasse quelques espèces différentes de mousses. Rapporte un peu de terre, de l'écorce ou des pierres sur lesquelles elles poussent afin de ne pas trop endommager les rhizoïdes (parties qui ressemblent à des racines). Dépose tes mousses dans des sacs en plastique fermés avec des attaches métalliques.

4. Dispose les mousses côte à côte dans le contenant, sans les superposer. Place les mousses les plus hautes au fond, et décore avec des pierres ou de l'écorce couvertes de mousses.

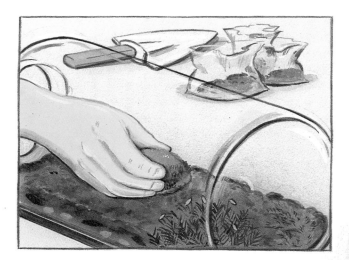

5. Asperge légèrement la terre avec de l'eau jusqu'à ce qu'elle soit humide. Mets un couvercle ou une pellicule plastique sur ton contenant et place-le dans un endroit frais, pas au soleil. Laisse-le à l'ombre quelques jours afin de permettre aux plantes de s'acclimater à leur nouvel environnement. Lorsque tu aperçois de nouvelles tiges ou de nouvelles feuilles, transporte ton contenant dans un endroit plus éclairé, mais pas en plein soleil.

6. Tu ne devrais pas avoir besoin d'arroser ton jardin de mousses puisque le couvercle y conserve l'humidité. L'eau éliminée par les plantes retombe des côtés du contenant sur la terre, où elle est de nouveau absorbée par les plantes.

7. Tu peux conserver ton jardin de mousses pendant des années, sans que cela te demande trop de soins. Comme elles s'étendent, les mousses devront être coupées, divisées ou retirées afin d'éviter la surpopulation. Les plantes qui sont enlevées doivent être replantées à l'extérieur. Lorsque tu ne veux plus de ton jardin, rapporte les plantes là où tu les as trouvées.

Et si...

... les parois de verre sont embuées? Cela signifie qu'il y a trop d'humidité à l'intérieur du contenant. Enlève le couvercle pendant quelques jours afin de permettre à l'eau de s'échapper, puis remets-le. Si le contenant reste trop humide, certaines plantes peuvent moisir et commencer à pourrir.

... les mousses paraissent sèches? Si tu remarques des feuilles brunes ou enroulées, tu dois ajouter de l'eau dans le contenant. La sécheresse peut aussi être causée par trop de soleil; transporte alors ton contenant dans un endroit ombragé.

Observation d'un habitat

Avant de planter les mousses, regarde-les avec une loupe. Essaie d'identifier les différentes parties illustrées ci-contre. Les mousses ne fleurissent pas. Au lieu d'avoir des fleurs qui produisent des graines, les mousses possèdent des sporanges qui contiennent de minuscules spores semblables à des poussières. Les spores sont dispersées par le vent et, si elles atterrissent dans un endroit propice, produisent de nouvelles plantes.

En regardant ton jardin de mousses à la loupe, compare

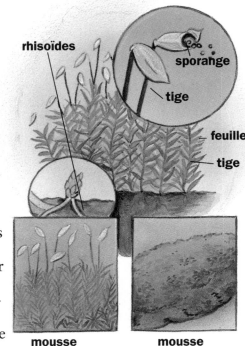

rhisoïdes

sporange

tige

feuilles

tige

mousse acrocarpe

mousse pleurocarpe

la forme, la taille, la couleur et la texture des feuilles des différents plants. Tu découvriras deux espèces principales. Trouve un plant de mousse qui pousse tout droit, comme un arbre miniature, avec ses sporanges au bout des tiges. Les mousses qui poussent de cette façon sont acrocarpes. Si tu aperçois des mousses qui rampent sur le sol, sur la pierre ou sur de l'écorce, comme du lierre, tu as découvert une mousse pleurocarpe. Ses sporanges poussent à partir des branches de la tige principale

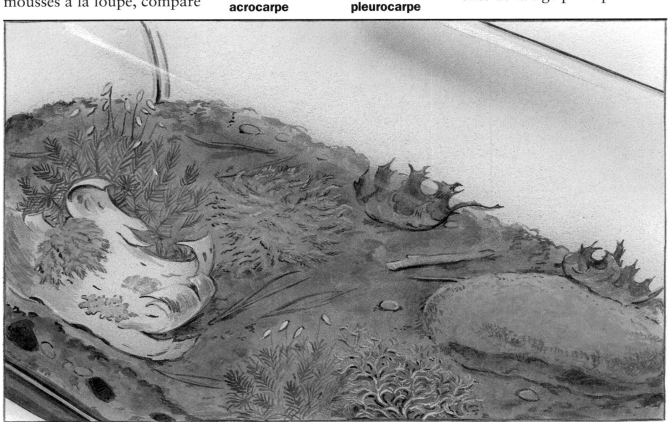

Mousse magique

Qu'arrive-t-il à tes plantes de maison si tu oublies de les arroser? La plupart des plantes sèchent et meurent si elles manquent d'eau. Les mousses sèchent aussi, mais ne meurent pas. Ajoute un peu d'eau à des mousses sèches qui ont l'air mortes et elles redeviendront vertes et en santé, juste sous tes yeux. Fais l'expérience suivante.

Il te faut:
de la mousse
un essuie-tout
une loupe
un bol
de l'eau

1. Place un morceau de mousse sur un essuie-tout et laisse-le sécher au soleil pendant plusieurs jours.

2. Compare la mousse séchée avec la mousse humide de ton jardin de mousses. Quelle sensation donne la mousse sèche? Regarde les feuilles avec une loupe. Comment la mousse séchée a-t-elle changé?

3. Place la mousse sèche dans un bol d'eau et observe ce qui se passe. Peux-tu voir les tiges et les feuilles se redresser en absorbant l'eau? Qu'arrive-t-il à la couleur de la mousse? Lorsque la mousse reprend sa forme première, sa couleur verte revient elle aussi. C'est ce qui arrive aux mousses sauvages lorsqu'il y a une sécheresse suivie par de la pluie. Au lieu de mourir d'un manque d'eau, les mousses se flétrissent tout simplement. Lorsqu'il pleut à nouveau, elles reviennent à la vie et continuent de pousser.

Des économiseurs de sol

Les plantes empêchent la pluie de frapper le sol nu de la même façon qu'un parapluie te protège. Lorsque la pluie frappe le sol dénudé, elle peut briser des parcelles de terre et les emporter dans les ruisseaux ou les lacs. Cette perte de sol s'appelle érosion. Les plantes qui poussent sur le sol, comme les mousses, protègent le sol de la pluie et aident à stopper l'érosion. Tu peux recréer un orage et voir comment la mousse conserve le sol dans l'habitat auquel il appartient.

Il te faut :
deux grands entonnoirs en plastique
deux gros bocaux à large ouverture
de la terre
de la mousse fraîche
une tasse à mesurer
de l'eau

1. Place un entonnoir sur chaque bocal. Remplis la moitié de chaque entonnoir avec de la terre.

2. Couvre la terre d'un entonnoir avec de la mousse fraîche. Laisse la terre nue dans l'autre entonnoir.

3. Verse une tasse d'eau dans chaque entonnoir pour faire comme un orage. Regarde la vitesse à laquelle l'eau s'écoule dans chaque bocal. Compare la couleur de l'eau dans chaque bocal. D'où vient la couleur brunâtre d'un bocal ? En passant à travers la terre, l'eau en entraîne des parcelles. L'eau sous l'entonnoir de terre dénudée devrait être plus brune puisque plus de terre est érodée par l'eau. La terre recouverte de mousse est protégée de l'eau et moins de terre est entraînée.

4. Quel bocal contient plus d'eau ? La mousse absorbe un peu d'eau (ou de pluie) et il y en a moins dans le bocal. Comme la mousse absorbe l'eau telle une éponge, elle aide à maintenir le sol humide entre les pluies alors que le sol nu se dessèche. La mousse aide aussi à garder le sol à sa place, là où les autres plantes en ont besoin.

Les mousses sont des plantes pionnières. Elles sont les premières à pousser là où il n'y a que terre dénudée ou roches. Les mousses procurent un terrain d'atterrissage aux graines d'autres plantes comme les graminées, les fleurs sauvages et les buissons. Si, en quelques centaines d'années, une terre dénudée peut se transformer en forêt, c'est grâce aux mousses. Elles peuvent même créer de la terre à partir de la pierre. Les rhizoïdes des mousses font leur chemin dans les fentes et brisent de petits morceaux de pierre. Des liquides produits par les rhizoïdes transforment enfin les parcelles

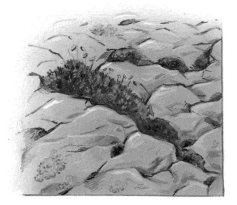

de pierre en terre. Les mousses créent aussi de la terre en mourant. Lorsque les mousses croissent, des parties de leurs feuilles et de leurs tiges meurent et pourrissent, formant de petits tas de terre où les autres plantes peuvent s'enraciner et pousser. Et tu as vu comment les mousses empêchent le sol d'être emporté par la pluie.

Les mousses ont aidé à renouveler l'environnement après le départ des glaciers, il y a des millénaires, et elles sont toujours importantes comme plantes pionnières. Par exemple, les éruptions volcaniques peuvent détruire la vie végétale, mais grâce aux mousses et à d'autres plantes pionnières, la terre brûlée redeviendra verte à nouveau.

Un étang se transforme en forêt

Il te faut:
du gravier
un bac d'environ 30 cm sur 35 cm sur 12 cm
de la terre
une soucoupe à plante de 3 à 4 cm de profondeur et de 10 à 15 cm de largeur
de l'eau
de la semence à gazon
des graines pour oiseaux (incluant des graines de tournesol)

Qu'arriverait-il si le gazon de ta cour ou du parc voisin n'était jamais coupé? Au début, tu marcherais dans des herbes hautes. Graduellement, les graines des plantes voisines seraient transportées par le vent et s'enracineraient dans les herbes. Bientôt, tu aurais beaucoup de plantes qui pousseraient avec les herbes et, après plusieurs années, cela ressemblerait à une petite forêt. Ce lent remplacement d'une sorte d'habitat (ta cour ou le parc) par un autre habitat (la forêt) s'appelle la succession. La succession est toujours en action; elle fait partie de la nature. La succession transforme une ferme abandonnée en forêt, change les petits étangs en terrain sec et aide les régions ravagées par les incendies à redevenir vertes. Au lieu d'attendre 20 ans pour voir la succession en action, tu peux monter un petit habitat à la maison et regarder un étang se changer en forêt.

1. Place 3 cm de gravier au fond de ton bac pour le drainage. Couvre le tout avec 10 cm de terre.

2. Enfonce une soucoupe à plante dans la terre au centre du bac, de façon que le rebord supérieur soit au niveau de la surface du sol. Mets environ 1 cm de terre au fond de la soucoupe. Ce sera ton étang.

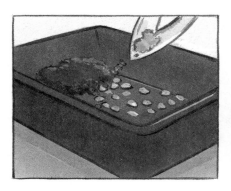

3. Verse lentement de l'eau dans le bac de façon que l'étang soit plein d'eau et le reste de la terre humide. Place le bac non couvert sur une table près d'une fenêtre ensoleillée.

4. Saupoudre une poignée de semence à gazon dans tout le bac, y compris l'étang. Après quelques jours, vérifie ce qui arrive. Vois-tu des germes verts qui pointent de la terre ? Qu'arrive-t-il aux graines qui sont tombées dans l'eau ? Les graines qui ont été éparpillées sur terre vont commencer à pousser après quelques jours. Celles qui sont tombées dans l'eau peuvent germer, mais elles ne pousseront pas parce qu'elles n'ont pas d'air. Finalement, les graines détrempées vont pourrir. Laisse les graines pourries dans l'étang. Elles représentent l'accumulation naturelle de matériaux morts dans le fond de l'étang.

5. Continue de saupoudrer une poignée de semence à gazon tous les 3 ou 4 jours. Tu remarqueras que l'étang devient de moins en moins profond. C'est en partie parce qu'un peu d'eau s'est évaporée et en partie à cause de l'accumulation des matériaux sur le fond. Finalement, ton étang va s'assécher. Les étangs peu profonds naturels s'assèchent souvent durant les étés chauds lorsqu'il y a peu de précipitations. Aussi, les matériaux pourris des plantes aquatiques et les matériaux soufflés par le vent dans les étangs s'accumulent au fond. Graduellement, la couche de déchets s'accumule, ce qui rend l'étang moins profond. Finalement, l'étang est assez peu profond pour permettre aux graines de plantes non aquatiques de s'enraciner.

6. Arrose légèrement la terre du bac pour imiter la pluie, mais ne remplis plus l'étang. Qu'arrive-t-il à la semence à gazon qui est tombée dans l'étang vide ? Maintenant que l'eau est disparue, le gazon va commencer à pousser dans le bassin de l'étang.

7. Tu devrais découvrir qu'un champ ou un pré a remplacé la terre nue et l'étang du début. Maintenant, saupoudre une poignée de graines pour oiseaux dans tout le bac une fois la semaine pendant deux semaines. Les plantes qui poussent de ces graines — comme le tournesol et le millet — seront plus hautes que le gazon. Ces nouvelles plantes représentent l'invasion graduelle des arbustes et des arbres dans l'habitat du champ. Finalement, tu obtiendras une mini-forêt de grandes plantes.

8. Lorsque tu auras terminé ton mini-habitat, tu peux transplanter les tournesols à l'extérieur, dans le jardin ou dans de gros pots.

Lorsque tu coupes le gazon, tu coupes tout. Cela empêche la succession naturelle d'envahir ton gazon et de le transformer finalement en champ ou en forêt. La succession peut aussi être interrompue par la nature elle-même. Imagine par exemple un étang qui a graduellement été rempli naturellement et dont l'eau est tout juste assez profonde pour permettre aux plantes terrestres de commencer à pousser le long de la grève boueuse. Si une inondation survient, le niveau de l'étang va remonter, les plantes du bord vont être submergées et mourront; l'étang va se retrouver à son point de départ. D'un autre côté, s'il y a une sécheresse, l'étang va sécher plus vite et les plantes terrestres vont pouvoir l'envahir plus tôt, ce qui accélérera le processus de succession. Un feu de forêt, un tremblement de terre, une tornade, une éruption volcanique, une sécheresse ou une inondation peuvent détruire les habitats et en créer de nouveaux.

As-tu déjà vu un poisson dans un arbre ou un pic dans un étang? Bien sûr que non. Chaque espèce d'animal est conçue pour vivre dans un habitat spécial et, lorsque cet habitat change, les animaux qui y vivent changent

aussi. Lorsqu'un étang sèche, les plantes aquatiques et les animaux ne peuvent plus y vivre. Les plantes terrestres, comme les fleurs sauvages et les graminées, s'y installent, avec des insectes qui aiment la terre et d'autres micro-organismes, des petits mammifères comme des souris, et des petits oiseaux. Avec le temps, si le champ devient une forêt ombragée, certains animaux la quittent et d'autres y emménagent. Des pics, des insectes des bois, des écureuils et d'autres espèces qui aiment les arbres vont faire de la forêt leur nouvel habitat.

Au fur et à mesure que la population mondiale augmente, nous occupons de plus en plus de territoire pour répondre aux besoins des gens. Cela signifie que plus d'habitats naturels sont détruits. Des marais sont drainés pour la culture; des forêts sont rasées pour faire place à des routes; et des prairies sont labourées quotidiennement pour les récoltes. Une fois les habitats naturels disparus, ils sont perdus à jamais. Avec le temps, de nouveaux habitats peuvent remplacer les anciens, mais la nouvelle croissance ne sera jamais la même que celle qui a été perdue.

Il nous faut sauver une partie des différents habitats du monde. Un groupe international de scientifiques et d'environnementa-listes s'occupe de dresser une liste des régions que les gouvernements devraient protéger: les prairies, les marais et les forêts tropicales. Pour s'assurer que ces habitats sont conservés pour les générations et la santé futures de notre planète, les pays créent des zones sauvages, des parcs et d'autres zones désignées où le développement n'est pas autorisé. Quiconque possède une propriété qui abrite un habitat spécial et rare devrait protéger cette terre et la garder dans l'état le plus naturel possible. Voici quelques façons d'aider:

• Examine ou photographie les fleurs sauvages au lieu de les cueillir.
• Demande à tes parents de laisser une partie de leur propriété à l'état naturel.
• Suggère des solutions de rechange à l'utilisation d'insecticides et d'herbicides chimiques.
• Conserve la nature propre.
• Fonde un club de surveillance des habitats qui s'occuperait d'empêcher la destruction de ces derniers. Si tu découvres des problèmes, fais-en part au ministère de l'Environnement. La nature a besoin de ton aide.

Index